エアプランツ Life
ティランジアと暮らす

著

SOUS LE GUI スゥルギ

監修
齊藤太一
藤川史雄

日東書院

Tillandsia

6 AIRPLANTS
AIRPLANTS

エアプランツとは
WHAT'RE AIR PLANTS?

エアプランツは、おもに北アメリカ大陸南部から
中米・南米にかけて広く分布する、「ブロメリア科ティランジア属」などの植物です。
原種は600種以上。交配も進んでいるので、園芸品種も含めると2000種に上ります。

生活に、新しい楽しみを連れてきてくれる植物

岩場や樹木などに着生し、雨水や夜露をおもに葉から吸収し生きている植物なので、
エアプランツと呼ばれています。
寄生ではなく着生──。着生元の木から水や栄養を吸収することはしません。

「エアプランツは空気中の水分を吸収して生きていく、手軽なインドアプランツ」。
多くの方が、そう誤解しているのではないかと思います。何より、私たちがそうでした。
いまもまだ世間に溢れているたくさんの誤った情報を信じ、枯らしてしまった人も多いでしょう。
エアプランツはその気持ちを理解して育てていくのが、少しだけ難しい植物かもしれません。

それでも、エアプランツには、私たちをひきつけて離さないさまざまな魅力があります。
思わず触りたくなってしまう、その姿、形。そして質感。
ついつい連れて帰りたくなる手ごろな価格（なかには高価なものもありますが）。
しわしわっとした葉が、水をやった翌日ぴんと戻っている姿、
いつ咲くのかわからない、待つ人をわくわくさせてくれる花の存在。
心地のよい時期に、戸外で管理すると感じる、元気で生き生きとした姿、などなど……。
私の言葉なんかではなく、あなた自身が試行錯誤しながら育てていくなかで、
その魅力を体感できたなら、きっとあなたもエアプランツを好きになってしまうでしょう。

この本では、エアプランツの失敗しない育て方と、
その魅力を最大限に引き出すために、スタイリングのアイデアを提案していきます。
育てる楽しみだけでなく、飾ることで生活のなかに取り入れられる。
それも、エアプランツの大きな魅力の一部分だと思うのです。

けれど、ひとつだけ大切なことをお伝えしておきたいと思います。
それは、飾るということは、エアプランツ本来の日常ではなく、特別の機会であること。
飾りっぱなしでは、疲れて弱ってしまいます。スタイリングの方法にもよりますが、
無理をさせるのは3日間ぐらいに留めましょう。そのルールさえ守れば、
忙しい毎日の生活のなかで、きっと新しい発見ができ、新しい楽しみができるでしょう。
気に入った色や形や質感のエアプランツと、一度、向き合って育ててみませんか？

SOUS LE GUI スゥルギ

エアプランツ Life
ティランジアと暮らす

CONTENTS

02 What're Air Plants ?
　　生活に、新しい楽しみを連れてきてくれる植物　　SOUS LE GUI スゥルギ

PART:1　エアプランツが喜ぶ、やさしい育て方　6

08　育て方の基本
12　水やりの仕方
14　開花
16　着生と鉢植え
18　新しい品種が生まれるとき
19　エアプランツの命が生まれるとき

PART:2　エアプランツと過ごす、空間と時間　20

22　壁際を華やかにする、大胆なオブジェ
24　長くて、かっこいい木目の木を手に入れたなら
26　ウスネオイデスで作る、繊細で豪華なシャンデリア
28　エアプランツで、愛用のリースをイメージチェンジ
30　丸太木を吊るして、タペストリーに
32　ペンダントのテラリウムを明るい軒下にて
34　かつて水面を漂っていた流木のリース台に

　　空気が変わる。　36

38　涼しげな銀葉のエアプランツと、海にいた貝の殻
40　木のフレームと鉢植えでつくる、絵画の空間
42　形が違う小さなガラス器の、揺れるテラリウム
44　部屋のなかのあちこちを彼らの住まいに変える術
46　スモールプランツを吊るして作る、小さな空間

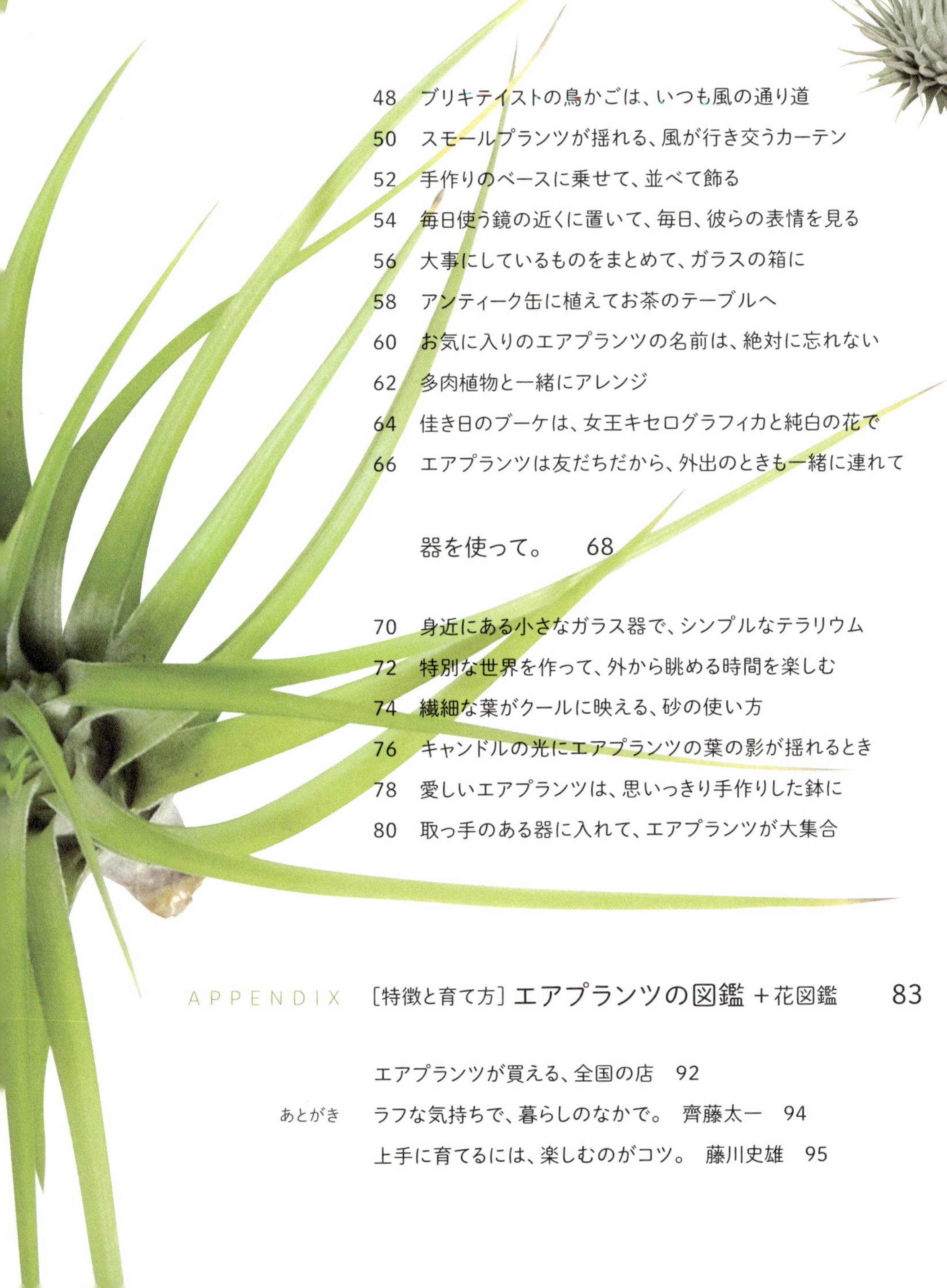

48　ブリキテイストの鳥かごは、いつも風の通り道
50　スモールプランツが揺れる、風が行き交うカーテン
52　手作りのベースに乗せて、並べて飾る
54　毎日使う鏡の近くに置いて、毎日、彼らの表情を見る
56　大事にしているものをまとめて、ガラスの箱に
58　アンティーク缶に植えてお茶のテーブルへ
60　お気に入りのエアプランツの名前は、絶対に忘れない
62　多肉植物と一緒にアレンジ
64　佳き日のブーケは、女王キセログラフィカと純白の花で
66　エアプランツは友だちだから、外出のときも一緒に連れて

器を使って。　68

70　身近にある小さなガラス器で、シンプルなテラリウム
72　特別な世界を作って、外から眺める時間を楽しむ
74　繊細な葉がクールに映える、砂の使い方
76　キャンドルの光にエアプランツの葉の影が揺れるとき
78　愛しいエアプランツは、思いっきり手作りした鉢に
80　取っ手のある器に入れて、エアプランツが大集合

APPENDIX　［特徴と育て方］エアプランツの図鑑＋花図鑑　　83

エアプランツが買える、全国の店　92
あとがき　ラフな気持ちで、暮らしのなかで。　齊藤太一　94
　　　　　上手に育てるには、楽しむのがコツ。　藤川史雄　95

PART:1
エアプランツが喜ぶ、やさしい育て方

エアプランツは、強い植物。少しぐらいケアを怠っても、平気です。
でも、間違ったケアをすると、すぐに元気を失う植物でもあります。
どの種類も健やかに育てられる、基本の方法をご紹介しましょう。

[育て方の基本]
できるだけ、戸外に出してあげたい

一緒に暮らしている植物は、いつも元気な姿でいてほしいもの。
ここでは、どんな品種のエアプランツにも共通する育て方の基本をご紹介します。

エアプランツが好きな環境

まばらに木が生える山岳地帯、高原の森、気温の高いマングローブ林、熱帯雨林……と、エアプランツが自生する地域はさまざまですが、エアプランツは、やさしい光に溢れ、ときどき雨が降り、風が吹きながら湿度が高い場所を好みます。日光をさえぎるものがない岩場などで育つエアプランツもありますが、そこでは涼しい風が吹いています。
エアプランツを育てるには、寒さが厳しい冬を除いて、できるだけ外に出してやりましょう。以下のポイントを守れば、どんなエアプランツも元気に育ちます。
そして、エアプランツは種によって少しずつ違いがあるので、自分のエアプランツの様子をよく観察しながら、加減をしていくことが大切です。

光

エアプランツは、やさしい光が大好き。ただし、熱を嫌いますから、日光を直接浴びるような環境は避けましょう。戸外なら直射日光が当たらない、明るい場所。木漏れ日がこぼれる庭の木陰は理想的です。室内では、レースのカーテン越しの光が届く明るい場所。窓から2m以上離すと光が届きません。できるだけ窓に近いところで育てます。ただ、室内であっても直射日光はタブー。閉めきった窓辺で数時間、直射日光を当てると、温度が上がり、熱で弱ってしまうので、必ずカーテン越しの光を当ててください。

水

意外かもしれませんが、エアプランツは水が大好き。直接、雨に当てるのもよいでしょう。丸1日雨が降り続くような日でも、心配はありません。室内で育てるときは、P.13、P.83～89を参考に、まめに水やりをしてください。寒い季節は控えますが、春から秋にかけては、水は毎日やるのが理想です。

風

風がないところでは、エアプランツは元気でいることができません。ですので、戸外で育てることが大切なのです。冬、室内で育てるときは、窓を開けて風を通すようにしましょう。ただし、暖房や冷房の風を直接当てるのはNG。エアプランツが乾きすぎてしまいます。

湿度

エアプランツは高湿度の環境が大好き。ペルーなどの乾燥している自生地では、夜になると濃い霧が立ち込めます。80％以上の湿度を保つのが理想です。高温多湿の日本でも、秋～春は乾燥した日が続きます。できるだけ湿度が高くなる環境をつくりましょう。水を張ったバットの上にネットを置いて育てれば、下から湿めった空気を当てることができます。また、P.17を参考に、素焼き鉢で育てるのもよい方法です。室内なら、加湿器も使えます。

[育て方の基本]

季節ごとの管理

春から秋にかけてがエアプランツの生長期。そして、冬は寒さに耐える期間です。どの季節でも直射日光を避けるのが鉄則です。そのほか、自生地と気候が大きく異なる日本で元気に育てるために、季節ごとの管理の方法をご説明します。

種類ごとの育て方

多種多様なエアプランツですが、葉の表面が「トリコーム」という、白く繊細な毛で覆われた《銀葉系》(シルバー)と、それがなく、葉が緑の《緑葉系》(グリーン)とに分類することもあります。それぞれに育て方のコツがあります。

春

最低気温が10℃を超えるようになったら、戸外に出したままで育てましょう。八重桜が散り終わったころが目安です。

夏

梅雨であっても、何日も連続して雨が降り続くことはまれ。必ず雨は上がる時間があるので、外に出したままが基本です。夕立やゲリラ豪雨でずぶ濡れになっても、まったく問題はありません。ただし、2日以上、雨が続くときは、軒下など雨の当たらないところに避難させます。
本格的な夏が来たら、暑さに弱い種の場合、できるだけ涼しくて風通しのいいところで育てます。直射日光が当たらない場所でも、地面は思いのほか温度が高くなっていますから、直接置くのはNGです。室内で育てるなら、室温が上がりすぎたと感じるとき、そして水やり直後は、窓を開けて風を入れましょう。

秋

意外と長雨が続く季節。2日以上、止むことなく雨が降り続けるようなら、軒下など雨があたらないところに避難させます。そして、最低気温が10℃を下回るころになったら、室内の窓辺で育てます。

冬

水が多すぎると体液の濃度が下がって、耐寒性が落ちるので、水やりの回数を週1回程度に控えます。暖かくしてあげようと、ストーブやヒーターの近くに置くのはNGです。エアプランツは、熱と乾燥を嫌うことを忘れないでください。
風に当てるため、週に2、3回、昼間の時間に外に出すことをおすすめします。

銀葉系

トリコームが光をさえぎり、水を取り込みやすくする役割を果たしています。ですから、光が溢れたところで育てましょう。乾燥に強いので、水やりの頻度が少なくても元気です。

緑葉系

強い光を浴びない、明るい日陰で育てます。水を欲しがるので、水やりはまめにたっぷりと。とくに、葉のつけ根のところに水を蓄えるタンク機能があるタイプは、鉢植えを好みます。P.17を参照してください。

病気と害虫

エアプランツはほとんど病気にかからず、害虫もほとんどつかない丈夫な植物ですが、まれに、ハダニ、コナカイガラムシが発生することがあり、エアプランツを弱らせます。
水やりをせず乾燥させすぎてしまったとき、葉に小さな赤い粒が動く姿を発見したら、ハダニが生息してしまったのかもしれません。多めに水をやって、洗い流しましょう。または、湿度を嫌う虫なので、まめに霧吹きをすればなくなります。
葉の付け根に白いチョークの粉のようなものを発見したら、コナカイガラムシの発生を疑います。1000倍以上に薄めた《 オルトラン水和剤 》などを使って駆除しましょう。

肥料

エアプランツを育てるのに、肥料は基本的に必要ありません。たしかに肥料をやるとよく育ちますが、それよりも、光・水・風・湿度が好きな性質を理解して、元気に育てられるようにすることのほうがずっと大切です。
育て方の基本がわかってきたら、《ハイポネックス》などの観葉植物用の液体肥料を使ってみましょう。
普段の水やりのときに、規定の濃度より薄くして与えるのがポイントです。回数は、水やり2回のうち1回程度。それ以上、多くすると、葉の表面の肥料の濃度が高まり、葉に障害を起こし、枯れの原因をつくってしまいます。

育てるのに失敗すると

ほかの植物に比べると、エアプランツはコツさえつかめば手がかからない植物ですが、それでも、基本の育て方を外すと失敗してしまいます。
2つの失敗例をご紹介しましょう。このほか、直射日光の熱で葉がやけどしてしまう例もあるので、要注意です。

[失敗例：1]
風のない、暗い場所で育てると

葉の間に水を溜めたまま、光が少なく風がない場所で育てると株全体が一気に変色し、芯が抜けてしまいます。芯まで茶色く変色すると、残念ながら、助けようがありません。

[失敗例：2]
かなり長期間、水やりをしないと

エアプランツが枯れるのは外葉の葉先から。命を失う前に、気づいたら、ソーキング(P.13参照)で救出しましょう。

[水やりの仕方]
水が大好きな性質を理解して

植物を育てるときに大切なのは、まず水やりといわれます。
エアプランツも同じです。とくに水を好む植物なのですから。

水やりの回数

生長期の春～秋は、週に2、3回以上（P.83～91参照）、水やりをするのが基本です。道具は、霧吹きでも、シャワーやじょうろでも何でもよいのですが、水が垂れ落ちるぐらいまでしっかりと濡らしましょう。

冬の時期は、週1回で十分です。寒さを乗り越えるために、体液の濃度を保つ必要があるためです。オールシーズン、とくに室内の場合は、水やり後、窓を開けて風を入れましょう。やわらかな光を当てることも、もちろん大切です。

水やりをする時間

気温がある程度以上高いときに水やりをすると、株に残った水が日光で煮え、その熱でエアプランツを傷めてしまいます。春～秋は、日没以降の暗い時間帯に水やりをするのが基本です。

冬の期間は、気温が下がる夜間に水が残ると凍ることがありますから、夕方までに乾くよう午前中に水やりをします。

水不足のサイン

水が不足したとき、エアプランツは誰にでもわかるサインを出してきます。育ててみようと決めたからには、責任と愛情をもって、様子を見て接する時間を毎日作り、そのサインをキャッチしてほしいと思います。

葉にシワができたり、葉先が枯れ込んできたり、ぴんと張っていた葉が軟弱になっているのは、水不足のサイン。また、葉先がくるっとカールしたり、葉の細い品種だとわかりづらいかもしれませんが、葉の断面が内側に丸まります。

さらに、毎日、エアプランツを手で持っている人なら、いつの間にか軽くなっていることに気づくことも。それも、水不足のサインです。

ソーキング

水不足のサインをキャッチしたら、水やりの回数を増やすか、「ソーキング」という方法で救出しましょう。器に水を張ってそこにエアプランツを丸ごと浸すのです。

浸す時間は6時間がベスト。最大でも12時間に留めます。

ただし、冬の寒い時期にソーキングするのは危険ですから避け、まずは水やりをしてみましょう。

[開花]
色鮮やかな花を待つ

シルバーやグリーンの葉の色、面白い形だけでもエアプランツの魅力は十分ですが、独特の鮮やかな色をした花を咲かせるとき、最高潮に達します。

開花のサイクルと時期

ある程度以上の大きさに育つと、エアプランツは開花の時期を迎えます。光を多く当てて育てると開花が早まりますが、種子の発芽から早くても4〜5年、長ければ数十年もかかります。

花が咲くのは、多くの種で春先から夏にかけての季節です。花芽ができてからほどなく、ひとつの花が咲いてはしぼみ、また別の花が咲いて、2週間〜数カ月間は花のある姿を楽しめます。

そして、花が終わってから1〜3年後、育った子株から別の花芽が出て開花。それを繰り返しながら、エアプランツは株を増やします。

花の構造と種類

右の写真のピンクの部分のように、花茎の先で強く目を引くのは「花苞(かほう)」といって、花ではなく、虫や鳥などにアピールするため葉が変化した部分です。ほんとうの花は、その花苞の先につき、花苞と花を合せて「花序(かじょ)」とよびます。

花の色は、品種によって、白、紫、赤、黄、茶、緑、ピンクとさまざま。茶色や緑色の花が咲くなんて、エアプランツならではの魅力だと思います。

その姿も、花茎を株の高さの何倍にも伸ばすタイプ、花序がいくつにも枝分かれするタイプ、花序が分岐しないタイプ、花茎がないタイプと、多様。なかには、香りのする花を咲かせるものもあります。

花のあとの株

花が咲き終わると、多くのエアプランツでは、その株から子株が1〜5個生まれます。花を終えた株は親株となって、それ以上、生長せずに子株に栄養を与え続けます。

ひとつの株が子株をつけて、その子株にまた子株ができる。こうして、複数の株が群生している状態を、「クランプ」とよびます。

子株がある程度大きくなったら、親株から外せば株分けができますが、クランプの状態のほうが総体として水や栄養を蓄えられるので丈夫です。

［着生と鉢植え］
根の機能を生かす

自生のエアプランツは、風に舞うものはなく、
必ず何かに着生しています。
根が本来の役割を果たしているのです。

FIXING PLANTS

着生

エアプランツの根は、ごく短かったり、ほとんど見えなかったり、長く伸びているものでも乾燥していたりして、ほとんど役割をもたないようなイメージがありますね。ところが、根も、葉ほどではありませんが、水や栄養を吸収しているのです。

そのため、根を何かに固定させてやると、そうでないときよりしっかりと育ちます。

方法のひとつとして、木や石などに根をくくりつけてその生長を促し、着生させる方法があります。

上の写真は、水ごけを根に添え、麻ひもを使って流木にくくりつけて着生を試みている例。水ごけが完全に乾いたら、水をやりましょう。根が木に着くまでに1〜2カ月、ひもを外しても自立できるようになるまでには1年くらいかかります。ただし、乾燥しすぎる環境で少量を使う場合以外は、基本的には水ごけは使いません。

［ 着生させるのに使う素材 ］

シダの一種の幹を加工したヘゴ材、流木、コルクの樹皮など。水が好きなエアプランツにはヘゴ材、乾燥が好きなものにはコルク樹皮が向いています。流木は中間のエアプランツに。

POTTING PLANTS

鉢植え

着生と同じ理由で、エアプランツを鉢植えするのもいい方法です。水を含んだ鉢や用土から湿り気が上がり、エアプランツ全体に湿度が行き渡り調子がよくなります。

銀葉の場合は、常に濡れているという状態を嫌う種が多いため、うわ薬を使用していない素焼き鉢——水やりをしても素早く乾く——を使うことをおすすめします。水やりは、用土がほぼ乾いてからが基本です。とくに水ごけを使う場合は、鉢にゆるく入れると濡れたままになってしまいますから、ガチガチに固めて詰めるようにしましょう。濡れたままにならないよう、小さな鉢を使うとよいでしょう。

緑葉の場合は、湿り気が好きな種類が多いので、プラスチック鉢、うわ薬を使っている焼きものの鉢が使えます。水ごけを使う場合はやや固めに詰め、表面が乾く程度で水やりをしてもOKです。

[鉢に入れる用土]

軽石やバークチップ（樹皮の小片）、水ごけなど、粒が大きいものを使いましょう。土は、粒が細かすぎるので、エアプランツの栽培には向きません。
鉢植えにした直後、エアプランツが転がってしまうようなら、ワイヤーや麻ひもなどで固定しましょう。

新しい品種が生まれるとき

あの面白い形と、この美しい花。それがひとつになるのも、素敵です。
交配によって、エアプランツの新しい品種が生まれています。

エアプランツの名前は、たとえば「ストレプトフィラ×ブルボーサ」というように、2種の名前と名前を「×」の記号でつないで表されているものがあります。これは、2種を交配させてできた新しい品種という意味。写真では、ストレプトフィラにブルボーサの花粉をつけて、「ストレプトフィラ×ブルボーサ」という交配種をつくった例。

ストレプトフィラ
T. streptophylla

ブルボーサ
T. bulbosa

ストレプトフィラ×ブルボーサ
T. streptophylla x bulbosa

一般に、受粉して種子をつけた親の性質が色濃く出るといわれていますが、品種によって、また個体によって、逆のこともあります。
開花したエアプランツが2種類あれば、受粉させて新しい品種の種子を取る。なかなかうまくいかないことですが、わくわくしますね。

エアプランツの命が生まれるとき

種子から芽が出てそれが成長していくのは、ほかの植物と同様、エアプランツも同じ。
ただ、とても長い時間がかかります。

エアプランツは、花のめしべに花粉がつくと、やがて種子ができて、時間が経つとさやが自然にはじけます。自生地では、綿毛がついた種子が風で飛んでいき、辿りついた先で何かに着生して芽を出します。

種子から芽が出て、写真のように1cmの大きさになるまで、およそ1～2年。それが5cmぐらいの大きさに育つまでさらに1～2年。花が咲くまでには、種子から早くて4～5年、なかには数十年かかるものもあります。種子はヘゴ板やコルク樹皮に乗せ、霧吹きなどで湿らせながら発芽を待ちましょう。湿り気を保つため、霧吹きは、朝晩必要です。発芽までに、およそ1週間かかります。発芽したら、湿らせすぎないように気をつけて、気長に生長を待ちましょう。

PART:2
エアプランツと過ごす、空間と時間

生活のなかに、エアプランツがやってくる——。
いつもの空間に幸せなスポットができ、
きっと、時間の進み方が変わるでしょう。
彼らと楽しく暮らすための、スタイリングのアイデアをまとめました。

ASSORTMENT
壁際を華やかにする、大胆なオブジェ

格子のフェンスにワイヤーでエアプランツをくくりつけて作ります。
アルミ缶は、アクセント。多肉植物など、ほかの植物を入れても楽しい。
風通しがよく、水やりもしやすいので、このまま外で管理できます。

How to Make

1
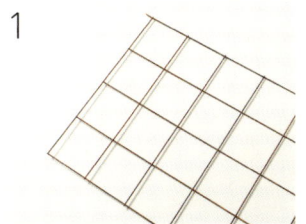
こんな格子状フェンスを使用。作業する前に、飾るエアプランツを並べてみて配置を決めます。

2

外側から2枚目の葉の、根元に近い部分にぐるっとワイヤーを通して、ワイヤーの両端をねじり合わせます。

3

フェンスの、格子が交差する部分にワイヤーを留めて、エアプランツをくくりつけます。大きなエアプランツなら、2、3カ所を固定させて。

4

ワイヤーを適当な長さでカットし、壁を傷めないよう先を内側に曲げましょう。

5

大きなエアプランツを先に配置してから、順に取り付けていき、最後に小さなエアプランツを付けてバランスをとります。

6

アルミ缶は口径部に太めのワイヤーをまわし、両端をねじって、先端を取っ手状に曲げてフェンスに取り付けます。

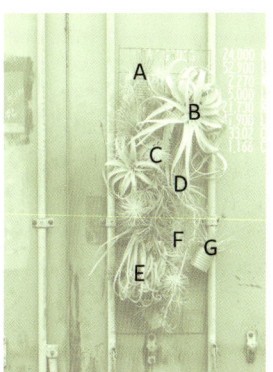

Data
- A トリコロール
- B キセログラフィカ
- C テクトラルム
- D ポーリアナ
- E ドゥラティー・サクサティリス
- F ウスネオイデス
- G フロリブンダ

Point
◎ ワイヤーでエアプランツが傷つかないように、注意。

◎ 大きなエアプランツ→アルミ缶→目を引く色のエアプランツ→アクセントに使う小ぶりなエアプランツの順に取り付けて、全体のバランスをみて。

◎ 色や質感が違うエアプランツを隣り合わせて並べると、お互いが引き立つ。

◎ このまま育てるなら、アルミ缶は底に水はけ用の穴を開けるのが必須。

ON A TIMBER
長くて、かっこいい木目の木を手に入れたなら

こんなに長い板、しかも木目が好きになれる板が手に入ったら、
縦に長く伸びたエアプランツをメインにオブジェを作ってみては。
上手に育てて、そのまま木に着生したら素敵です。

How to Make

1 割れ目のある板、穴があいた板だと使いやすいですが、プレーンな板なら自分で穴をあけて。

2 ウスネオイデスは、最初に手でやさしく形を整えてから取り付けます。

3 根元をワイヤーでくくって両端をひねって留めます。葉を傷めないように注意して。

4 木の穴にワイヤーの一端を通し、木の裏側でもう一端とねじり合わせて固定します。同じ要領で、ほかのエアプランツも。

5 ワイヤーの先端を伸ばしたままだと、作業する手や壁を傷つけるので、適当な長さでカットして内側に折り曲げましょう。

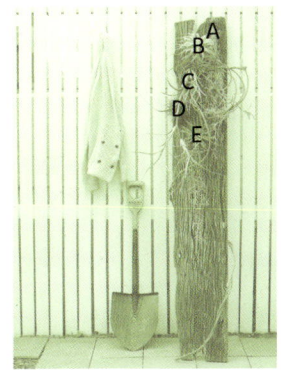

Data
- A ウスネオイデス
- B カクティコラ
- C インターメディア
- D ストリクタ
- E ポーリアナ

Point
◎ 大きなオブジェでは、全体の配置を決めてから作業を始めるのが原則。

◎ 木目がかっこいい板なので、全面をエアプランツで覆い隠さずに、木が見える空間を作りたい。

◎ 縦長の空間を意識してデザインするのがコツ。

◎ 動きを演出するために、写真のスタイリングのように木のツルを使用するのもいい。

CHANDELIER
ウスネオイデスで作る、繊細で豪華なシャンデリア

長く伸びたフォルムが繊細でゴージャスな、ウスネオイデス。
その美しさを堪能したいから、部屋のペンダントライトを活用して
シャンデリアを作ります。特別な日の夜のために——。

How to Make

1. ライトのペンダントコードに沿わせて、ベースとなる枯れ枝を取り付けます。

2. ウスネオイデスを枝に掛けて置いていきます。留めないと落ちてしまう小枝なら、根元をワイヤーでくくって取り付けましょう。

3. ウスネオイデスの長さやボリュームで強弱をつけながら、全体のバランスをみて仕上げていきます。

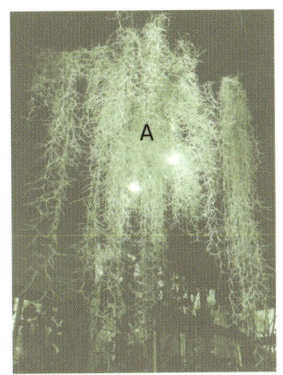

Data

A　ウスネオイデス

Point

◎ エアプランツは熱に弱いので、ウスネオイデスが直接ライトに触れないよう完全に離したいもの。

◎ ペンダントライトは、できるだけ熱をもたないタイプを選びたい。

◎ 小枝にかけたウスネオイデスの形を整えるとき、強く引っ張るとちぎれてしまうので気をつけて。

WREATHING

エアプランツで、愛用のリースをイメージチェンジ

グリーンのエアプランツも、シルバーのエアプランツも、
どちらもドライフラワーとの相性が抜群です。
見慣れたリースにプラスすれば、がらりと印象が変わるにちがいありません。

How to Make

1

ここでは、こんなドライフラワーのリースを使用。作業は、エアプランツを全部リースの上に置いてみて、全体のデザインを決めてから。

2

使うエアプランツの根元近くにワイヤーをまわし、軽くねじって留めます。

3

ワイヤーの両端をリースをまたぐようにして、裏側にまわします。

4

リースの素材を傷めないように注意しながら、両端を軽くねじって固定させます。取り付ける壁面を傷めないよう、内側に曲げておくのを忘れずに。

5

同じ要領で順にエアプランツを留めていき、最後に手で落ち着かせます。

Data

A テクトルム
B ブッツィー
C レクルヴィフォリア・サブセクンディフォリア
D カエルレア
E マグヌシアーナ
F イオナンタ・フェゴ
G セイデリアナ
H アエラントス交配種

Point

◎ 何度もやり直しをしていると、エアプランツもリースも傷めてしまうので、作業は一度で決めたいもの。そのためには、最初に全体のデザインをはっきりと。

◎ ひとつかふたつ、花芽の上がっているエアプランツを使うと、それが小さくてもアクセントに。

TAPESTRY
丸太木を吊るして、タペストリーに

ちょうどよさそうな穴が開いている丸太木をみつけました。
小さなものなら、いくつかを刺し込めそうです。
端っこにひもを通す穴を開けて吊るせば、存在感のあるタペストリーに。

How to Make

1

みつけたのは、こんな丸太木。穴が開いていなければ、彫刻刀などを使って自分で開けられます。

2

エアプランツが外れないよう、セットする前にひもを通す穴を開けて、ひもを通しておくのがコツ。ワイヤーの端を丸めてひもの通し穴にすれば簡単に通ります。

3

吊るす場所に応じてひもの長さを決め、あらかじめ切ってしまいます。

4

エアプランツを傷めないように気をつけながら、丸太木の穴に差し込んでいきます。

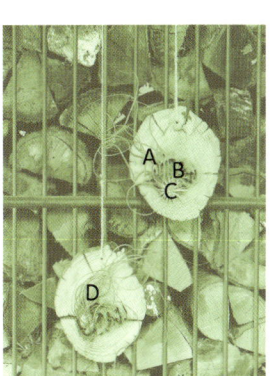

Data

A ブッツィー
B イオナンタ・フェゴ
C イオナンタ・グアテマラ
D ブッツィー

Point

◎ 丸太木の穴の大きさをよく見て、入れられそうなサイズのエアプランツを選んで。

◎ 戸外なら、このまま水やりをして育てられる。

HANGING
ペンダントのテラリウムを明るい軒下にて

高さ30cm以上もある、大きなガラスのハンギングテラリウム。
吊るせるテラリウムだと、お気に入りのエアプランツを
全方向から愛でることができそう。

How to Make

1

はじめにベースとなる材料を入れます。育てるには土は不向きだけれど、デザインを優先させて、あえて使ってみます。

2

土のような目の細かいベース素材を使った場合は、エアプランツを入れる前に、刷毛などを使ってガラスの面をきれいにしておきます。

3

手元からいちばん遠いエアプランツから順に入れていきます。

4

ひとつを入れ終わったら、エアプランツが転がってしまわないか、確認します。転がるようなら、ベース素材に対して深めに差し込みましょう。

5

ひととおりセットしたところで、ぐるっと見まわして全体のバランスを整えます。

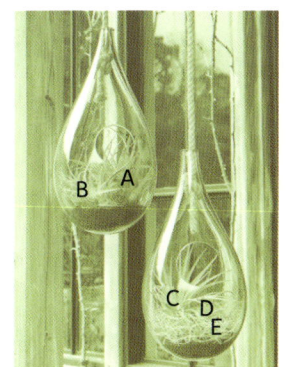

Data
- A　ブラキカウロス
- B　レクルヴィフォリア・サブセクンディフォリア
- C　ポーリアナ
- D　イオナンタ・フェゴ
- E　ウスネオイデス

Point
◎ ベースとして使う素材は、ビー玉、軽石、バークチップなど、好きなものを選んで。

◎ テラリウムのホールからエアプランツを出し入れするとき、葉を傷つけないようによく注意して。根元から出し入れするのがポイント。

◎ このまま直射日光下に置くのは、避けて。

ON DRIFTWOOD
かつて水面を漂っていた流木のリース台に

リース台は、探してみるとなかなか面白いものに出会えます。
ここでは、流木でつくられたリース台を使ってみました。
流木って、どこをどう漂ってきたのだろうと、イメージが広がる素材ですね。

How to Make

1

最初に、全体のデザインをイメージします。リースを飾る位置に取り付けてみると、作ったあとのやり直しが最少に。

2

エアプランツの根元にワイヤーをまわし、両端をねじって留めます。

3

安定がよくないリース台なので、ワイヤーは環にまわさず流木のすき間に入れ込んでしっかり固定していきます。

4

なるべくワイヤーが見えないよう、裏側できっちり処理しましょう。同じ要領で、次々と取り付けていきます。

Data
- A フクシー・グラシリス
- B トリコロール
- C ブルボーサ
- D カプトメデューサエ
- E プレウドベイレイ
- F カピタータ・グアテマラ
- G テクトルム
- H ブルボーサ

Point
◎ ここでは、小さめのエアプランツを左下に斜めにグルーピング。ほかに、何カ所にポイントを分けてまんべんなく配置したり、ひとつひとつのエアプランツをしっかり見せるように配置したり……と、考えてみて。

◎ このまま水やりを上手にすれば、着生させることも十分可能。

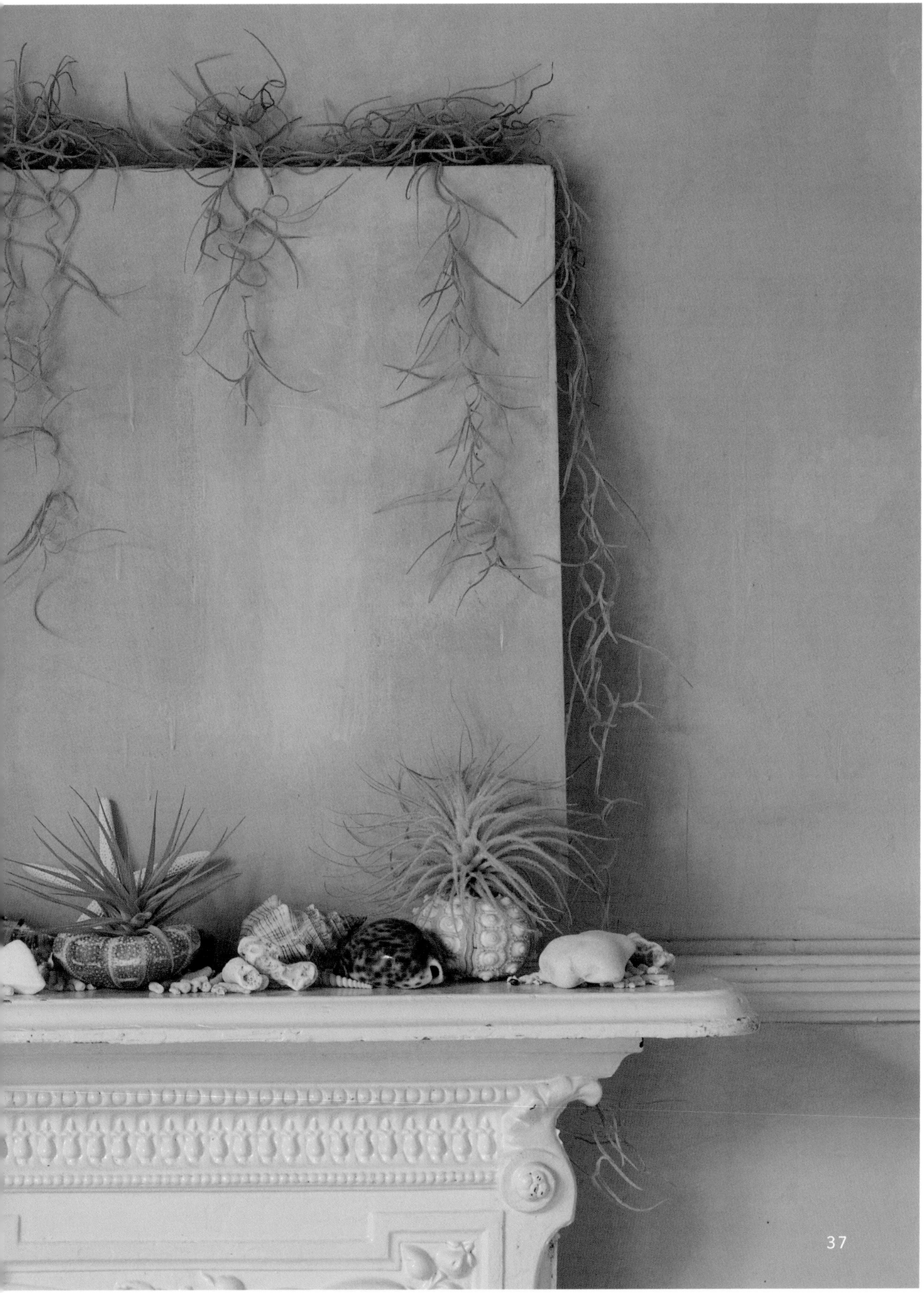

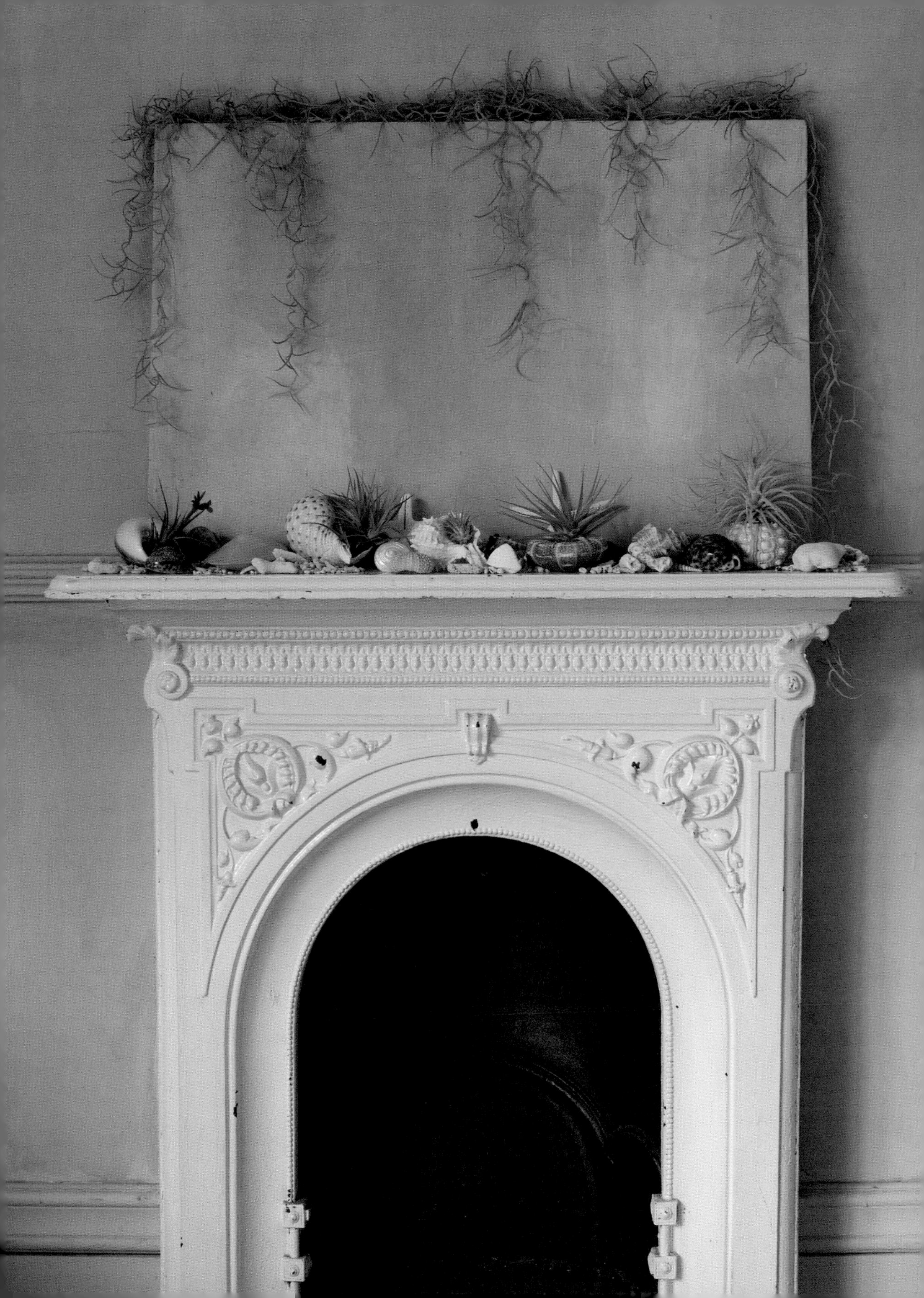

LIKE SEASIDE
涼しげな銀葉のエアプランツと、海にいた貝の殻

壁際に飾るには、そのままだと少し子どもっぽい貝殻ですが、
エアプランツと組み合わせれば、クールな印象に変わります。
水色の壁もいいけれど、まっ白い壁にも合いそうです。

How to Make

1 水ごけを貝殻の穴に詰めていきます。エアプランツを安定させるのが目的なので、砂や目の細かい軽石なども使えます。

2 エアプランツを入れて、バランスをみます。

3 飾る場に置いて、全体のレイアウトを決めていきます。ここでは壁面にウスネオイデスをあしらいました。

Data

A ウスネオイデス
B テクトルム
C ストリクタ・ピンクブロンズ
D イオナンタ
E テヌイフォリア・ストロビリフォルミス
F アエラントス・ミニパープル

Point

◎貝の色とエアプランツの色合わせは、白い貝には銀葉を、茶色の貝には緑葉を合せてみて。

◎大きな貝を配置してからまわりの小さな貝にエアプランツを配置するのがコツ。

◎エアプランツは、貝に入れずに置いても。

◎貝に穴を開けて、オリジナルペンダントを作るのも楽しい。

PLYMOUTH
GREEN TOP
BINDER TWINE

LIKE A PICTURE
木のフレームと鉢植えでつくる、絵画の空間

いい色をしたウッドのフレームと布のひも、
錆びのあるアイアンアートと、蝋紙のパッケージ……。
そこにエアプランツを加えれば、壁際に絵画のような空間が生まれます。

How to Make

1 一緒にディスプレイする素材の質感や色と似合いそうな器を用意します。

2 置いたときのエアプランツの見え方をイメージしながら、相性のいい用土を入れて底上げします。

3 エアプランツを入れてみて、バランスをみながら用土の深さを加減し、決まったらほかのアイテムと一緒にコーディネートしていきます。

4 「絵」となる部分にエアプランツを配置。フックの素材やデザインに気を配りましょう。

Data
A テヌイフォリア×ストリクタ
B セイデリアナ
C キアネア

Point
◎ このままエアプランツを育てるなら、底面に水はけ用の穴がある器と粗い用土が必須。

◎ 器でエアプランツを育てるのでなく、スタイリングのためだけに器を使うなら、水やりの際は、エアプランツを取り外して。

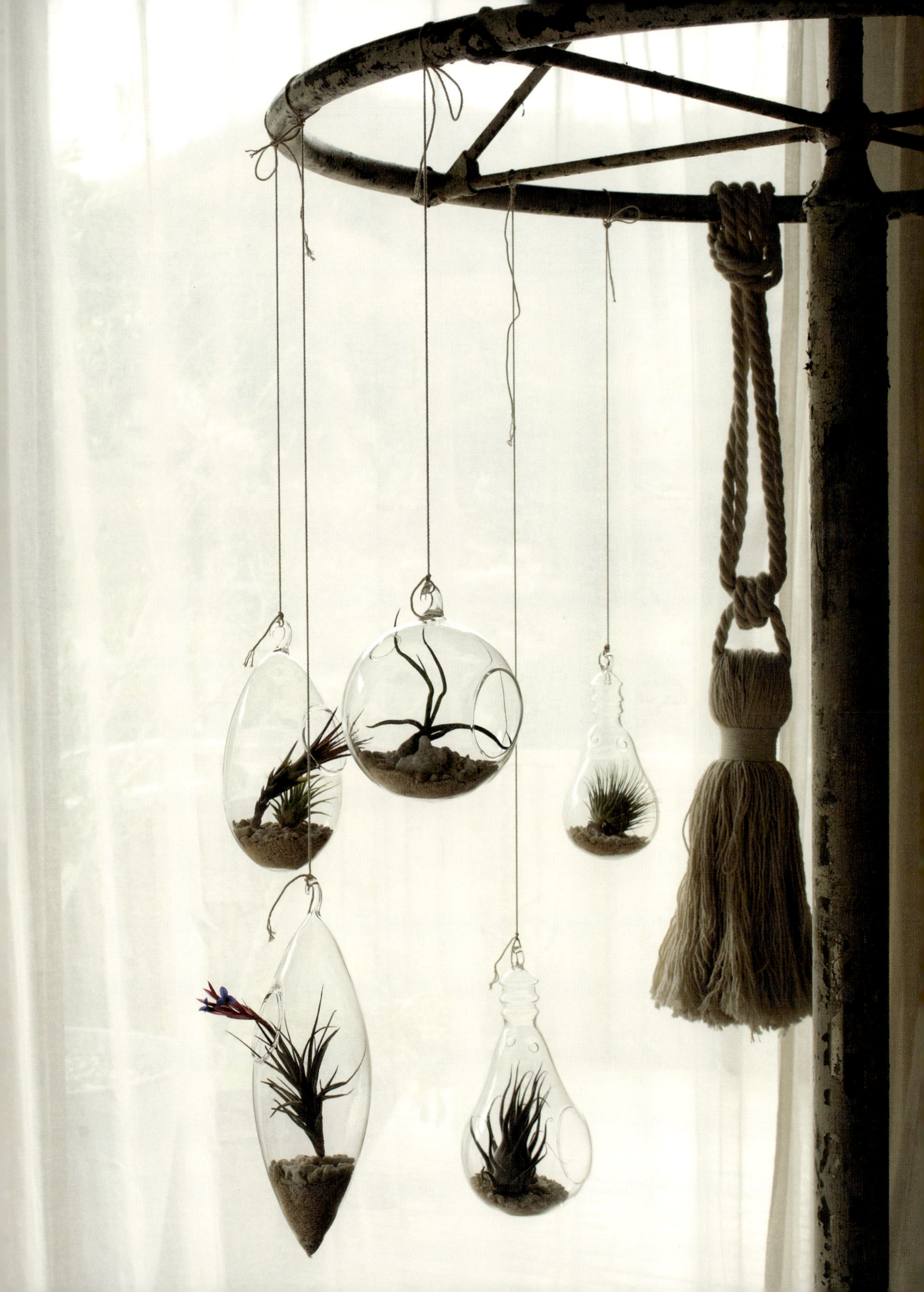

TERALLIUMS
形が違う小さなガラス器の、揺れるテラリウム

大きくないエアプランツをひとつかふたつ、
形が違う別々のガラス器に入れて吊るす、テラリウム。
器内の空間とエアプランツのシルエットのバランスが決め手です。

How to Make

1
使うエアプランツのサイズや形を考えて、ガラス器を選びます。同じ場所に飾るなら、形の違うものが混じっていると面白くなります。

2
ここでは、ベース素材を砂とサンゴの2層にしてみます。下にくる砂を入れたら、厚みを確認します。

3
砂の上にサンゴを入れるときは、もし入れすぎた場合に取り出そうとすると、下の砂まですくってしまうことになるので、少しずつ。

4
エアプランツを根元から入れて、サンゴの上に安定させます。

Data
A　ブルボーサ
B　フクシー・フクシー
C　プルイノーサ
D　イオナンタ
E　トリコロール
F　アエラントス・ミニパープル

Point
◎ 器の形に合ったエアプランツを選ぶと、吊ったときに美しい。

◎ ベースに使う素材で印象が変わる。白系の石や砂、ビー玉を使うとガーリーに、黒茶系の石や土、ウッドチップだとクールな印象に。

◎ このまま、直射日光下に置くのは、避けて。

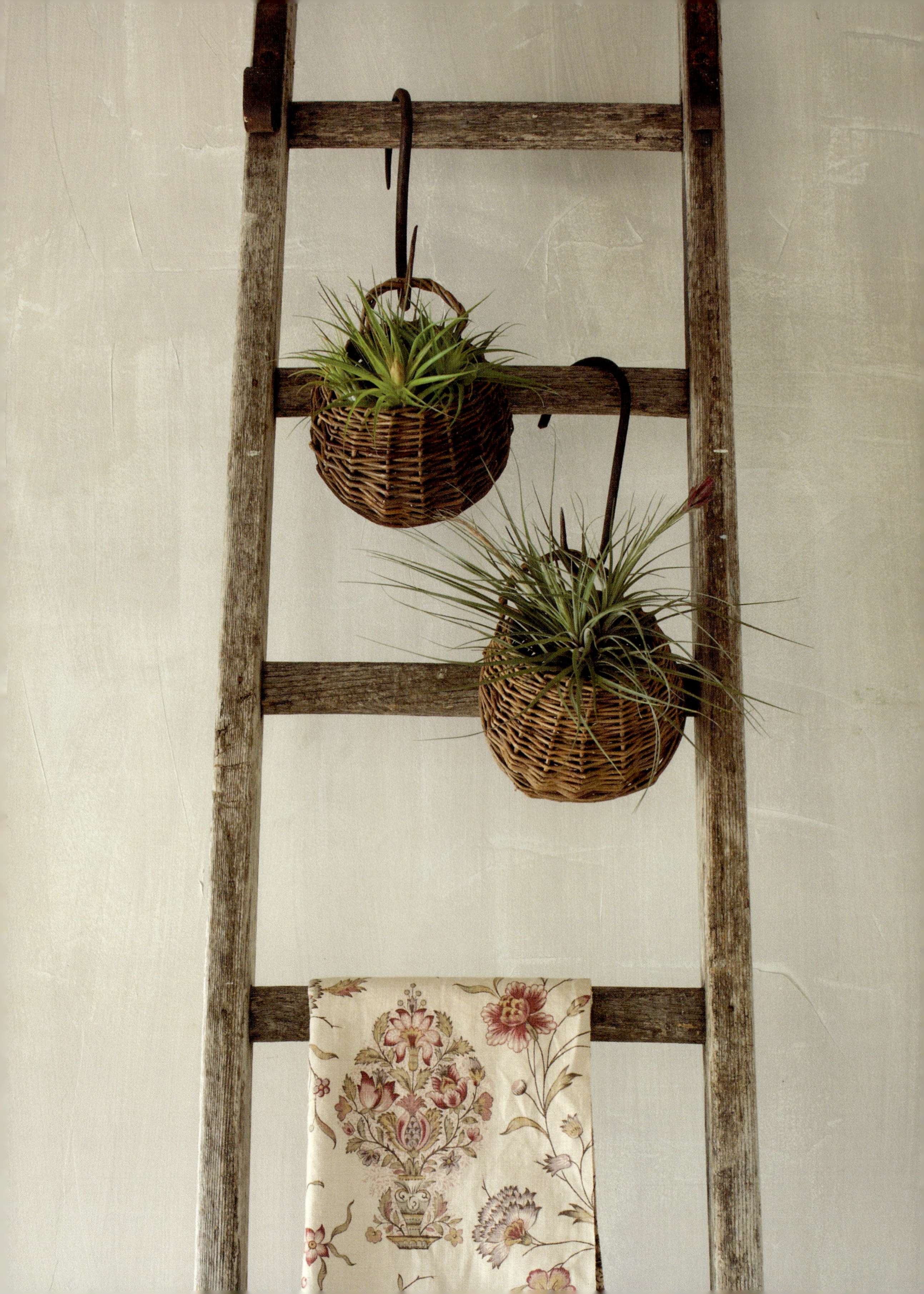

ON A LADDER
部屋のなかのあちこちを彼らの住まいに変える術

家のなかには、意外とものを掛けられる場所があるものです。
明るい窓際ならなおのこと、エアプランツが喜んでくれそう。
籐のかごに入れて、思いっきり風を運びます。

How to Make

1 簡単にすませるなら、取っ手がついた、こんなかごを選びましょう。

2 用土を入れずに、そのまま好きなエアプランツを入れます。

3 取り付ける場所に合わせてフックを選び、エアプランツが暮らす藤のかごを飾ります。

Data
A ゲミニフローラ
B フロリブンダ

Point

◎ 深いかごを選ぶと、エアプランツが隠れてしまうので、かご選びは深さに注意。隠れてしまう場合は、丸めたワイヤーなどを入れて底上げを。

◎ バークチップや軽石など、かごのすき間からこぼれない用土を入れるのもOK。

◎ 戸外に出して、このまま水やりができる。エアプランツが根っこを出して着生するはず。

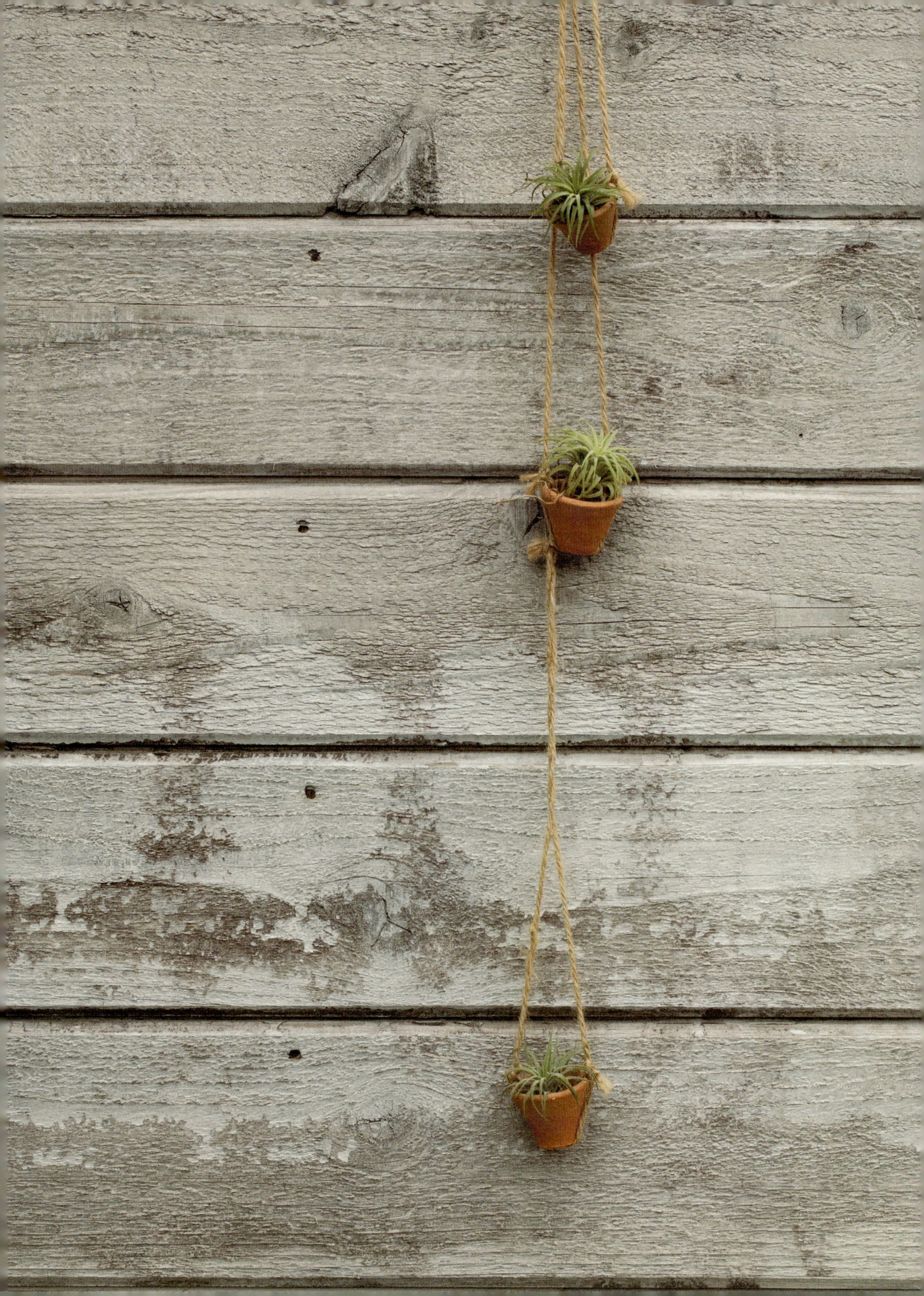

ON A WALL
スモールプランツを吊るして作る、小さな空間

いつもは気を留めなかった、家の外の壁や庭の塀。
こんな小さなプランツを連ねて吊るせば、
毎日、のぞかずにはいられない、お気に入りの場所になりそうです。

How to Make

1 小さなエアプランツにちょうどいい大きさの鉢を用意します。ここでは、テラコッタのものを使いました。

2 底面の水はけ用の穴からひもを通します。

3 鉢の縁でひもをしっかり結んで、ひもをカット。このとき、片方のひもは端を長めに残しておきましょう。

4 もう1本、同じように水はけ用の穴からひもを通して縁で結んでカット。3で長く残しておいたひもと結びます。

5 好きなスモールプランツを入れて、好きな場所に取り付けます。

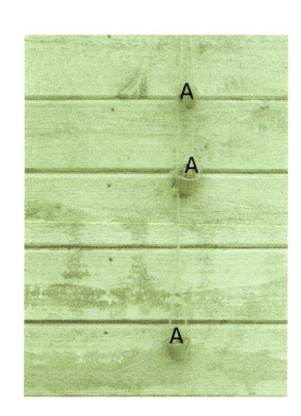

Data
A イオナンタ

Point
◎ テラコッタの鉢をペイントするのも、よい方法。

◎ 麻ひも、毛糸、タコ糸……。ひもの素材や色にこだわってみるのも楽しい。

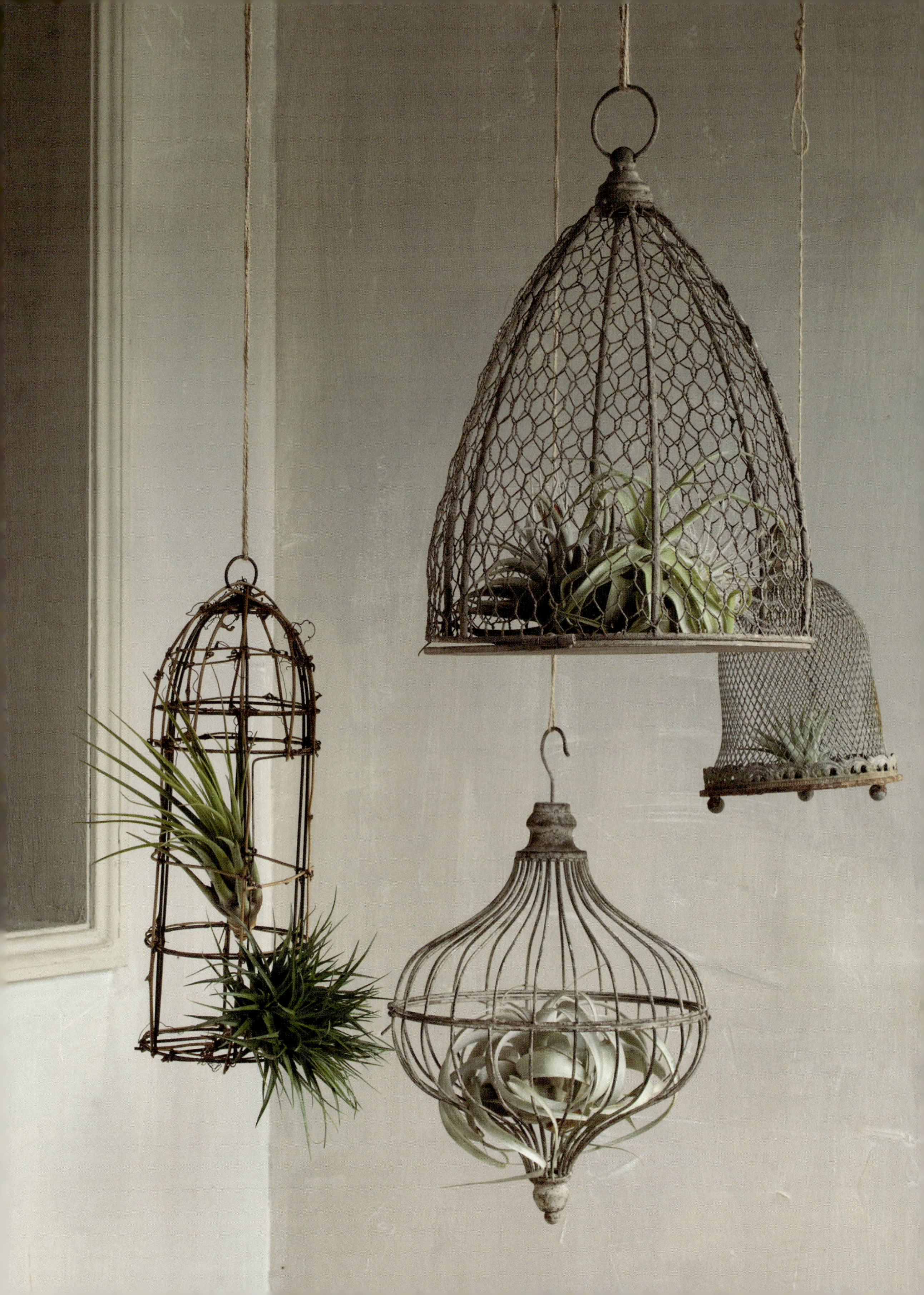

IN A GAGE
ブリキテイストの鳥かごは、いつも風の通り道

風が大好きなこの植物にふさわしい家を
ジャンクっぽい鳥かごで作ってみます。
いつも風が通り抜ける、気持ちのいい家ができそう！

How to Make

1 大きなサイズのエアプランツをひとつだけ入れる鳥かごを決めて、入れてみます。

2 底面がたいらな鳥かごなら、バランスをみながらいくつかのエアプランツを入れてもいいですね。

3 目の大きな鳥かごなら、葉の長いエアプランツを。なかに閉じ込めず、葉を外に飛び出させるようにアレンジします。

4 外側からの見え方をチェックしながら、ぴったりの位置をみつけます。その際、葉を傷めないように、出し入れは根元から。

Data

- A レクルヴィフォリア・サブセクンディフォリア
- B ストレプトフィラ
- C テクトルム
- D イオナンタ
- E キセログラフィカ
- F トリコロール
- G ストリクタ

Point

◎ かごの容積いっぱいにエアプランツを入れると、見た目に苦しくなるので、少し空間にゆとりをもたせるときれい。

◎ かごの大きさと、入れるエアプランツの大きさを、あらかじめよく考えて。

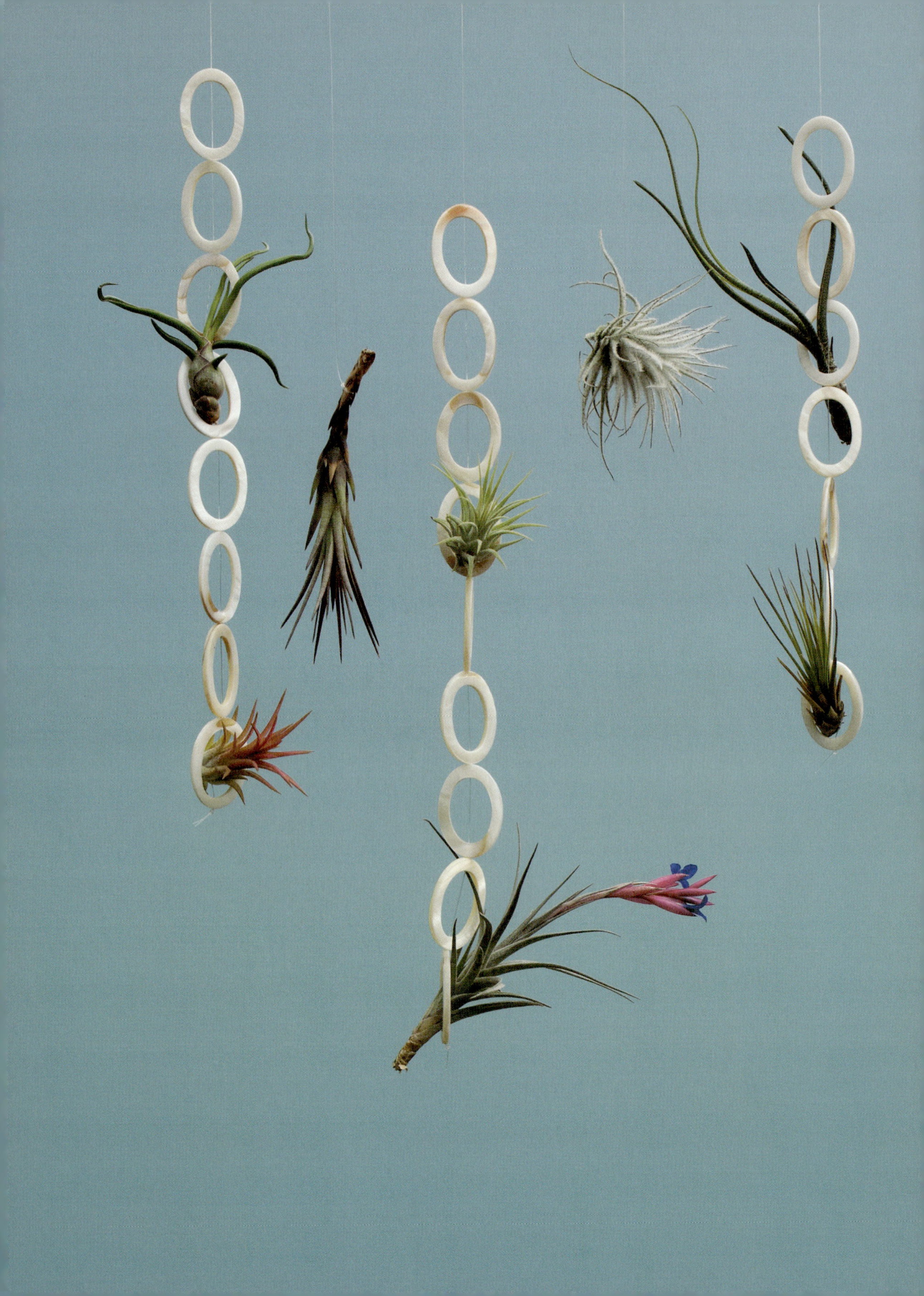

LIKE A WIND
スモールプランツが揺れる、風が行き交うカーテン

そのまま吊るす、引っかけて吊るす……。
小さなエアプランツが空気のなかで遊ぶ姿を楽しむには、
同じ空間にいくつもの数をアレンジしてカーテンにして。

How to Make

1
好きな長さにつなげられる、小さな穴のある貝素材のリングをテグスでつなぎます。

2
リングが連なったら、吊るしてからエアプランツを差し込んでいきバランスをとります。

こんなスモールプランツが使える

Data
A　プセウドベイレイ
B　ジュンセア
C　テクトルム
D　イオナンタ
E　アエラントス・ミニパープル
F　トリコロール
G　ブルボーサ
H　イオナンタ・フェゴ
I　フクシー・グラシリス
J　ブラキカウロス
K　ブッツィー

Point
◎ 空間に変化を出すため、直接テグスを結びつけて吊るしてもOK。

◎ 飾ったまま育てるなら、どの株も上向きにして。

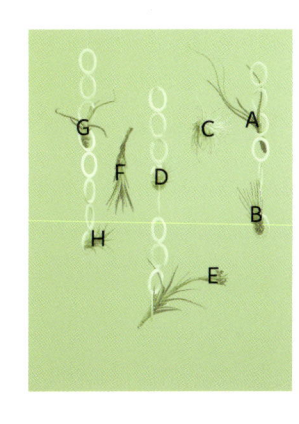

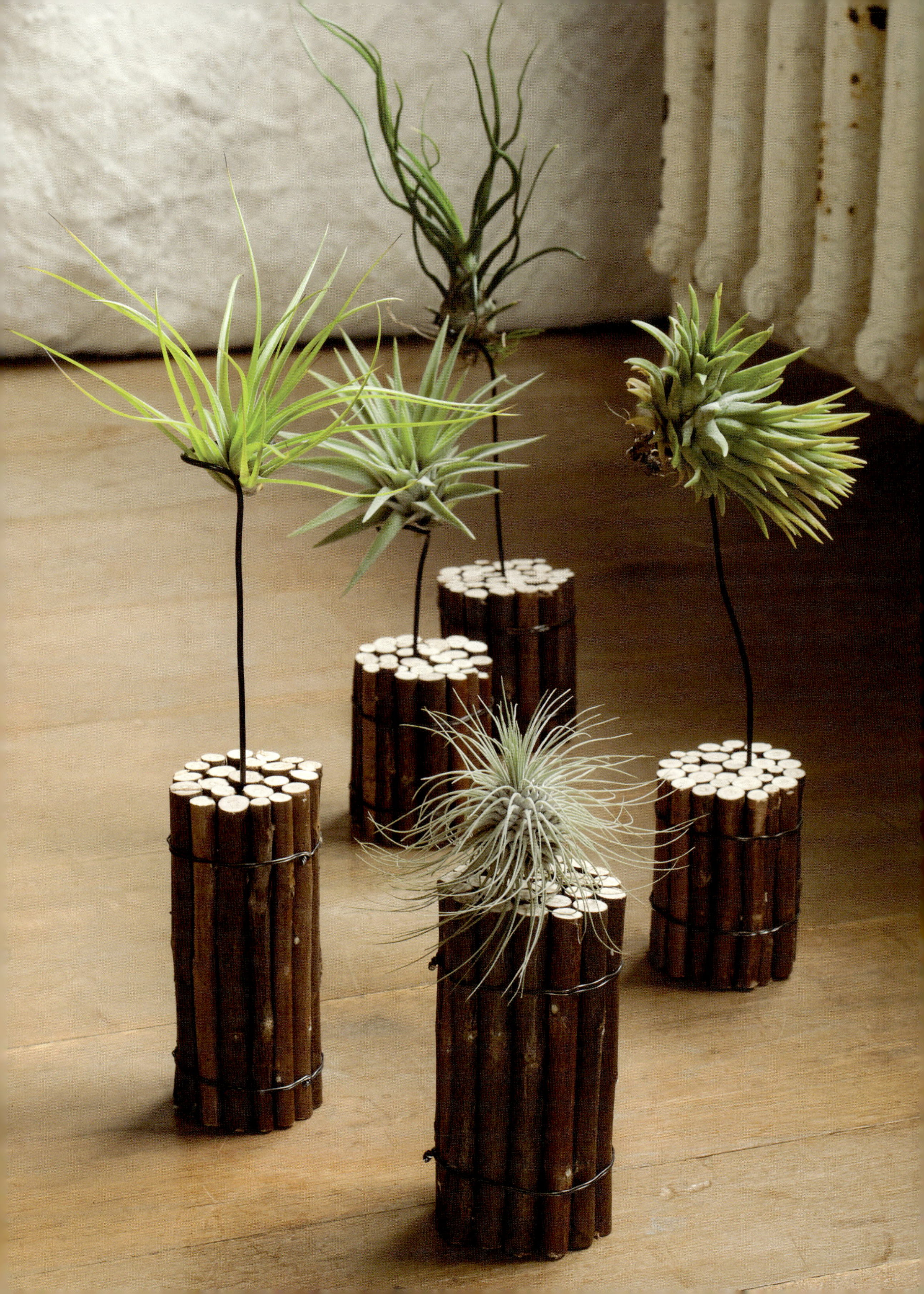

HANDMADE
手作りのベースに乗せて、並べて飾る

手作りしたものは、どんなに小さくても、いつも愛せる特別なもの。
小枝を集めてベースを作り、5つのエアプランツを並べます。
自分で作ったものと、自分が好きなもの。お気に入りのスペースになりそうです。

How to Make

1 ベースの材料となる小枝を用意します。工作用の小さなノコギリで長さを揃えます。

2 イメージどおりの太さになるよう小枝を束ね、細いワイヤーを巻いて留めていきます。

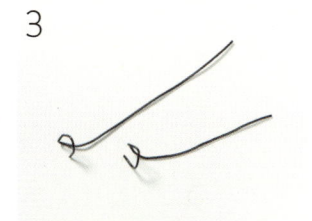

3 太いワイヤーの先を丸めて、エアプランツが座るイスを作ります。

4 イスとなるワイヤーをベースに差し込み、エアプランツを乗せていきます。

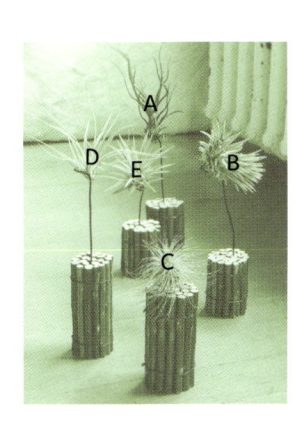

Data
A ブルボーサ
B イオナンタ・ロン
C フクシー・グラシリス
D テヌイフォリア・ストロビリフォルミス
E ブラギオトロピカ

Point
◎ 小枝は時間が経つにつれ、水分が蒸発してやせてくるので、ワイヤーで巻くときはきつめに。

◎ 小枝の長さを不揃いにするのも面白い。

◎ 小枝に限らず、えんぴつ、色えんぴつなども OK。

◎ ワイヤーの長さを変えて、エアプランツのイスの高さをバラバラにすると、並べるときに空間にリズムができる。

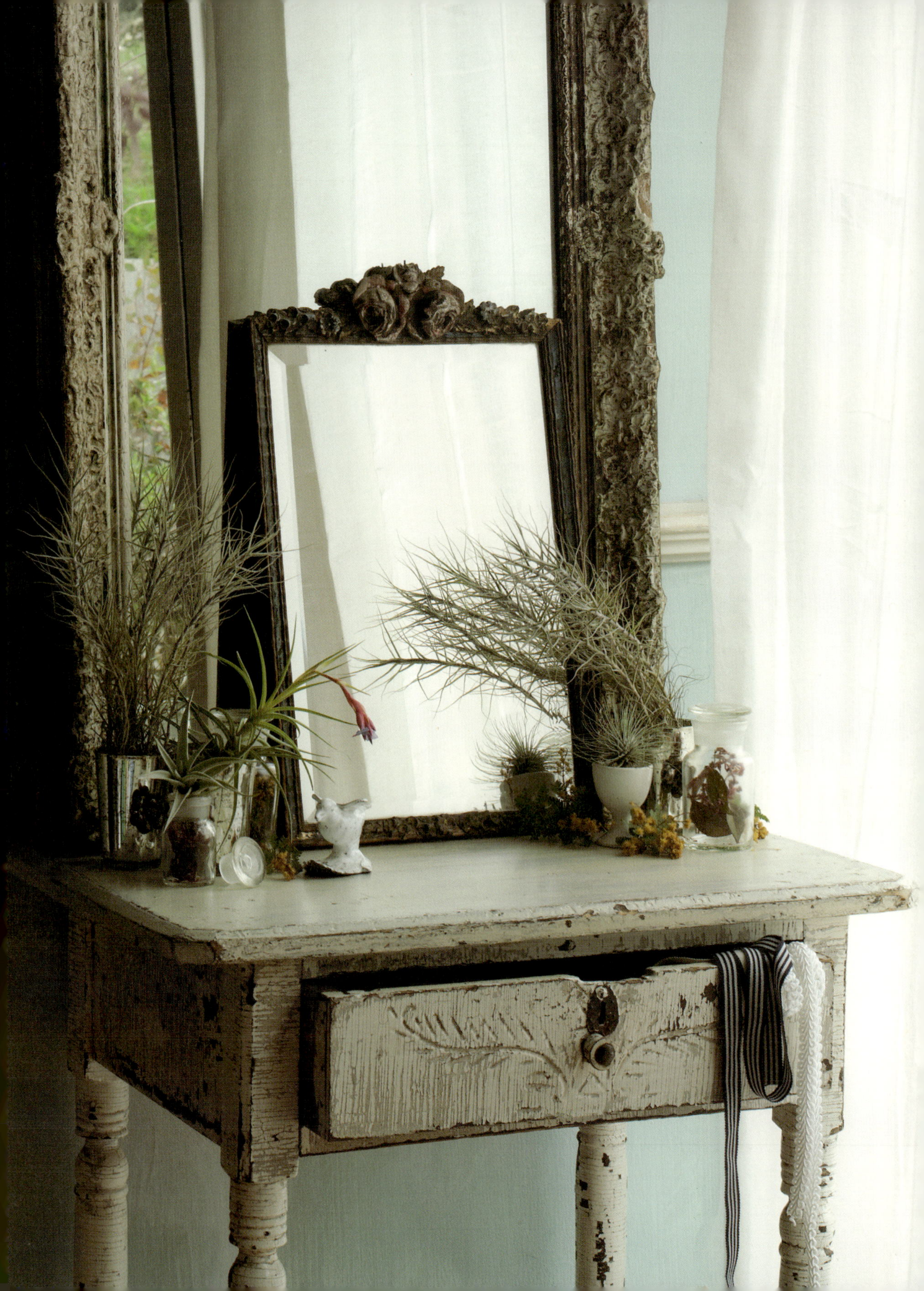

FACING THEM
毎日使う鏡の近くに置いて、毎日、彼らの顔を見る

おはよう! おやすみ! 毎日、鏡の前で過ごす時間がなんと多いこと!
そんな鏡の近くにエアプランツを置いて、
肌や髪、メイクのチェックをするように、毎日、彼らの表情を見守ってあげて。

How to Make

1 皿、トレイ、キャンドルホルダー、花器……。エアプランツを入れる器は、お気に入りのものを選びましょう。

2 葉や茎が長いエアプランツはそのまま入れてもいいですが、小さなエアプランツなら用土を入れて底上げします。

3 エアプランツと一緒の器に入れる素材も考えると楽しいです。枯れ葉や、ポプリなどは好相性。

Data
A カエルレア
B フクシー・グラシリス
C ハリシー
D アエラントス交配種

Point
◎ このスタイリングは、とくにキッチンや洗面所、玄関まわりなど、毎日必ず使う場所で有効。
◎ 万が一倒してしまっても、水がこぼれないのもうれしいポイント。

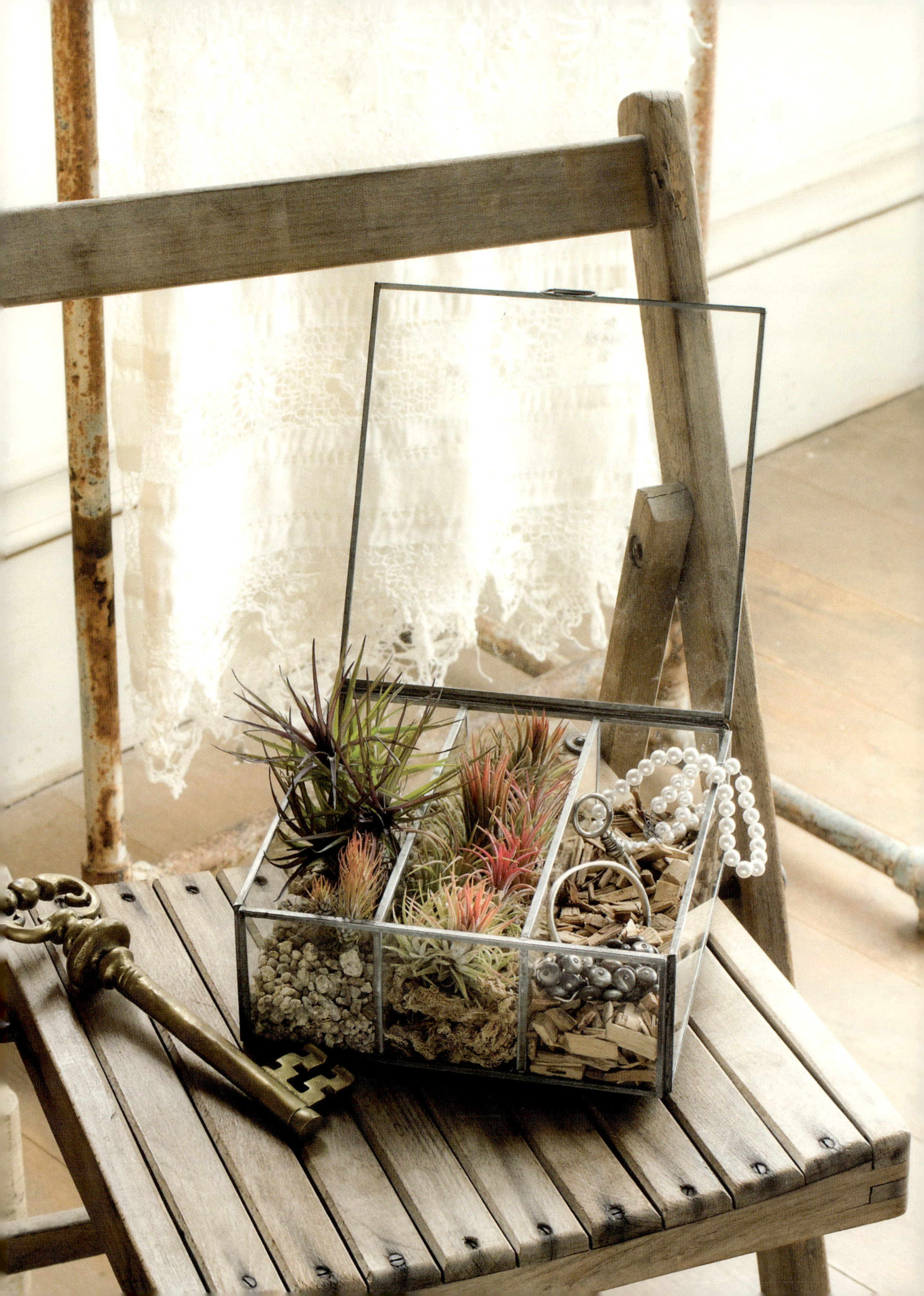

IN A BOX
大事にしているものをまとめて、ガラスの箱に

ジュエリーやアクセサリー、時計や部屋の鍵……。
大事にしているものを保管する箱をガラスにして
いちばん可愛がっているエアプランツと一緒にします。

How to Make

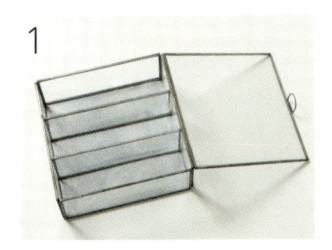

1 なかに間仕切りがある、こんなに感じのいい箱にレイアウトしてみます。

2 間仕切りで区切られたそれぞれの小箱に、ベースとなる素材を入れます。3つとも違うものにしても、同じにしてもOKです。

3 エアプランツを入れる小箱を決めて、入れていきます。

4 使い勝手を考えると、小物とエアプランツを別々にするとベターです。

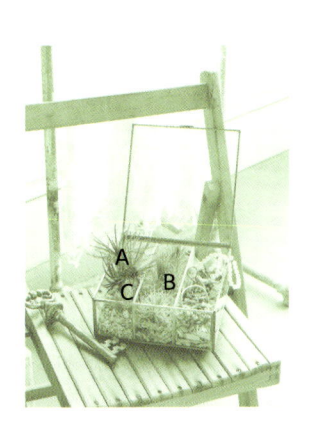

Data
A テヌイフォリア・ストロビリフォルミス・パープルフォーム
B イオナンタ・フェゴ
C フンキアナ

Point
◎ 背の高いエアプランツを横に寝かせるよりも、小さなものを立てて使ったほうがまとまりやすい。

◎ 取り出して水やりをすることを忘れずに。少し乾いてから箱に戻して。

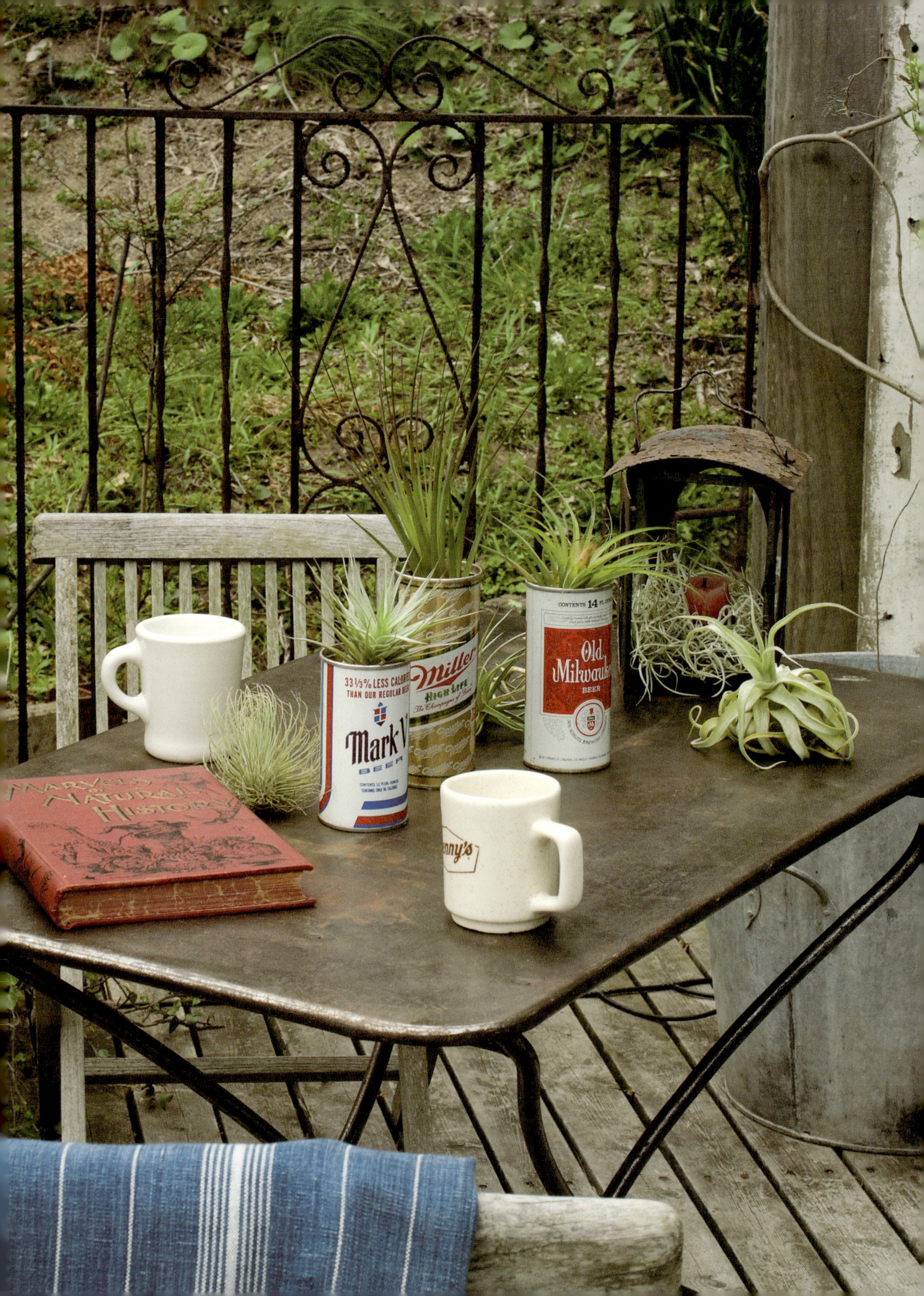

Miller
HIGH LIFE
Old
BEER
CONTENTS 14

AT A TEA TIME
アンティーク缶に植えてお茶のテーブルへ

テラスで過ごすお茶の時間は、エアプランツも連れ出したい。
そのためだけに、鉢ではなくアンティーク缶に植えてみます。
外が大好きな彼らへの、何よりのごほうびかもしれません。

How to Make

1 缶切りを使って、缶の上面を切り取ります。一時的に飾るのでなく植え込むなら、底面に水はけ用の穴を開けましょう。

2 植え込み材となる用土を入れます。入れるエアプランツの形や大きさによって、深さを調整。

3 エアプランツを置いていきます。安定が悪ければ、用土を少し減らして深い位置にセットします。

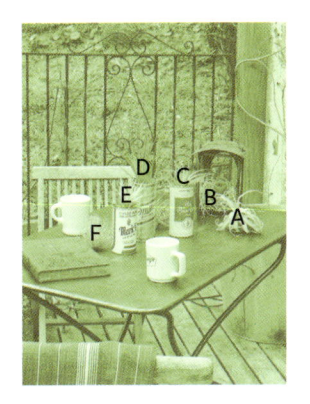

Data
A ストレプトフィラ
B ウスネオイデス
C ゲミニフローラ
D トリコロール
E ストリクタ・ピンクブロンズ
F マグヌシアーナ

Point
◎ 缶の切り口で手や葉を傷めないように注意。切り口がギザギザにならないオープナーを使うか、切ったあとにヤスリをかけて。

◎ ここで使ったビール缶だけでなく、トマトやオリーブのアンティーク缶のデザインも素敵。

FARM

NAME PLATES
お気に入りのエアプランツの名前は、絶対に忘れない

エアプランツの名前って、意外と覚えづらいものが多いですね。
大好きだからこそ、名前を間違えたくはありません。
だから、ネームプレートをかわいくアレンジしました。

How to Make

1 アルファベットのスタンプを使って、感じのいいネームプレートにエアプランツの名前を押していきます。

2 器の深さによってエアプランツの見え方が変わってくるので、それを考慮して適量の用土を入れます。

3 バランスよくエアプランツを置いて、ネームプレートを刺していきます。

4 どこかに、形や大きさが違うネームプレートを1本立てると、全体がまとまります。

Data

A トリコロール
B ポーリアナ
C ハリシー
D セイデリアナ
E ストリクタ・ピンクブロンズ
F フクシー・グラシリス
G イオナンタ・メキシコ
H アエラントス交配種

Point

◎ このままエアプランツを育てるつもりなら、器の底面に水はけ用の穴が必須。用土も、p.17を参考に粗めのものを選んで。

◎ ゲミニフローラ、キアネア、テヌイフォリアなど、鉢植えを好むエアプランツを使うのがおすすめ。

◎ 小枝でフェンス状の境界をつくるのも楽しい。

61

WITH OTHERS
多肉植物と一緒にアレンジ

ドライな質感のエアプランツと、プリッとした質感の多肉植物。
色の違いも楽しめて、一緒にアレンジすると面白い素材です。
気分を変えたい日は、箱のなかの植物ワールドを楽しんで。

A

How to Make

1
ちょうどよい器の端に入れるものを決めます。この場合は、多肉植物。鉢ごと置いていきます。

2
隣をエアプランツのためのスペースにするので、用土としてバークチップを入れます。

3
隣に置いた多肉植物との高さのバランスを考えながら、エアプランツ用の用土の高さを決めます。

Data

A　イオナンタ・フェゴ

Point

◎ 外側の器が仕上がりの決め手。好みのものを吟味して。

◎ 一般に多肉植物は、エアプランツと違って直射日光が好きで、毎日の水やりは不要。長く一緒の器で育てるのは難しいので、器に置いておくのはどちらかだけにして、アレンジしたい日にその都度、全体をまとめるのがよい方法。

4

エアプランツをバークチップの上に置いて、安定させます。

5

空いているスペースに、別の多肉植物を入れます。これも、鉢ごと。

6

全体をまとめるため、多肉植物の鉢やエアプランツのバークチップが見えている部分に石を置いていきます。

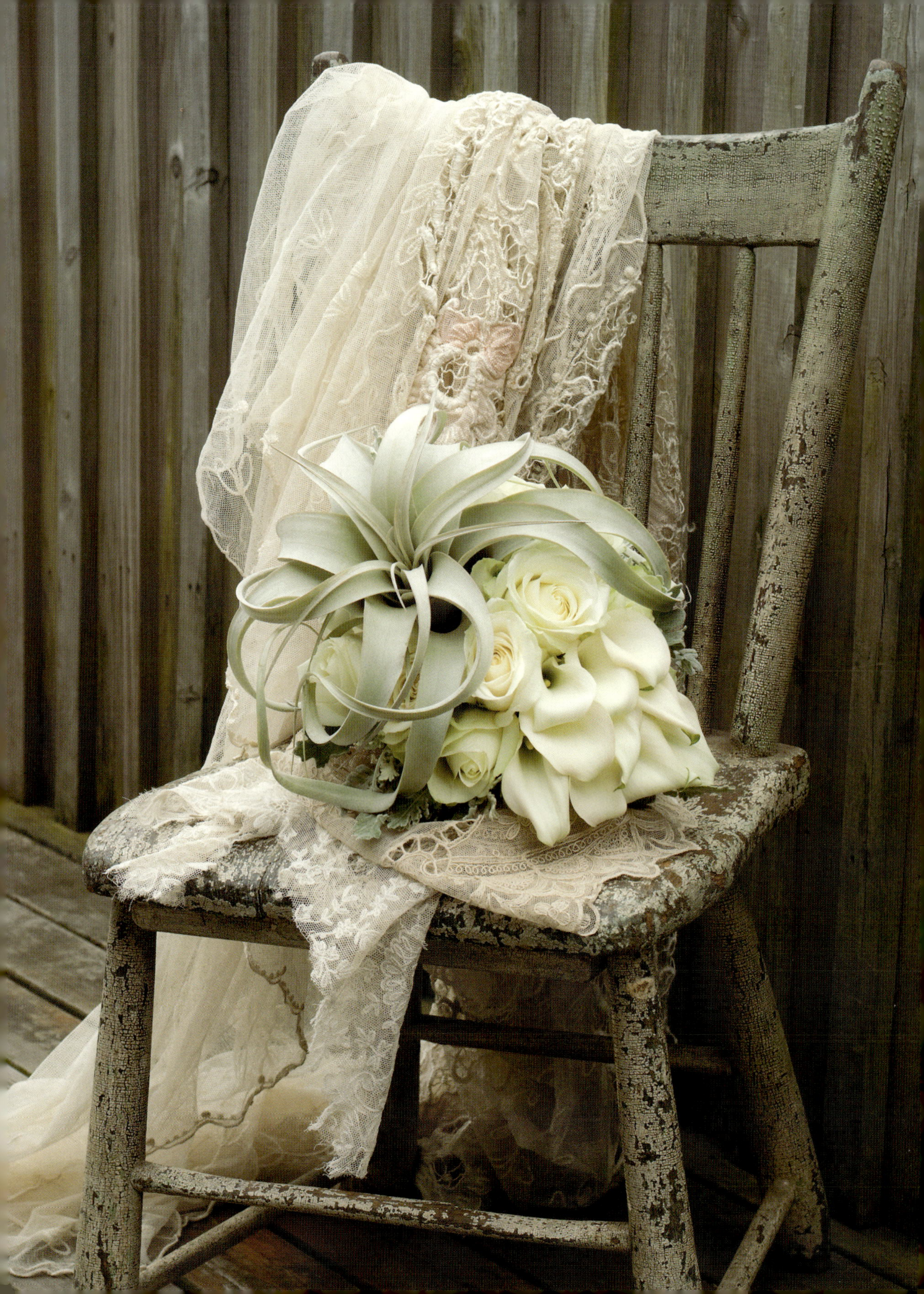

FOR ANNIVERSARIES
佳き日のブーケは、女王キセログラフィカと純白の花で

エアプランツを使ったブーケを花嫁が持つウエディングが増えています。
エアプランツのブーケは、花が終わったあとも生命が残ります。
そして、とくに銀葉のエアプランツは、白い花、パープルの花とよく合うのです。

How to Make

1 キセログラフィカの根元近くにワイヤーをまわし通して両端をねじり、一緒に使う花の茎の長さ程度の棒にフラワーテープで留めます。

2 使う花から先に形作って束ねておきます。

3 キセログラフィカと花を合せて、バランスをみます。

4 最後に、添える葉を入れて全体のバランスをとります。

Data
A キセログラフィカ

Point
◎ 大きなエアプランツを使う場合、見た目のボリュームのバランスだけでなく重さのバランスにも気を配る。

◎ 重さでエアプランツがグラグラするなら、添える葉を上手に使って固定。

◎ 誰かにブーケをプレゼントするときは、カードにエアプランツの名前と育て方を書いて渡すと、よりハートフルに。

AME THING
EVERYDAY

MY BOUTONNIERE

エアプランツは友だちだから、外出のときも一緒に連れて

エアプランツと、ドライになる葉っぱや実ものと作る、小さなブートニア。
ボーイズライクなウエアの印象が、一瞬にして変わります。
コットン素材のトートバッグに使っても似合いそう。

How to Make

1 エアプランツの根元近くの葉にワイヤーをまわします。

2 ワイヤーを根元でねじって留め、15cm程度の長さでカット。根元からフラワーテープで覆っていきます。

3 同じ要領で、一緒にまとめるすべての素材にワイヤーを固定してフラワーテープで覆っておきます。

4 全部の素材を合せて形を整え、元のところをワイヤーでまとめてフラワーテープで覆います。

5 使いやすい長さでワイヤーをカットします。

6 ワイヤー部分をリボンでぐるぐると覆い、根元でリボンを結びます。

Data

A ジュンセア
B テクトルム

Point

◎ 銀葉系のエアプランツにはシルバー色の葉っぱを、緑葉系には濃いグリーンの葉っぱを合わせるとデザインがまとまりやすい。

◎ 野ばらやベリー類などの実ものを使ってみるのも面白い方法。

◎ 服やバッグにつけるときは、ブートニアピンやクリップを使って。

器を使って。

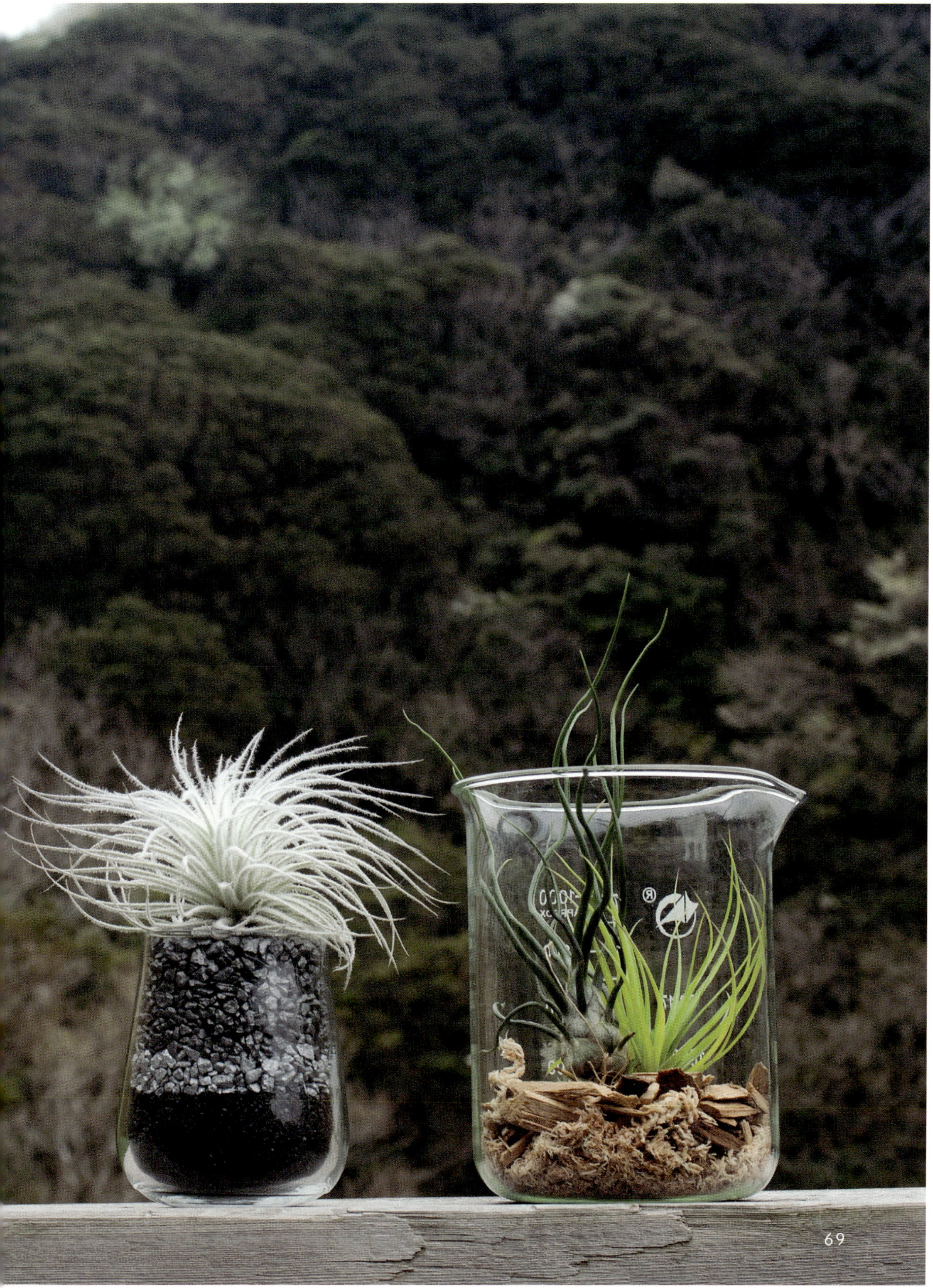

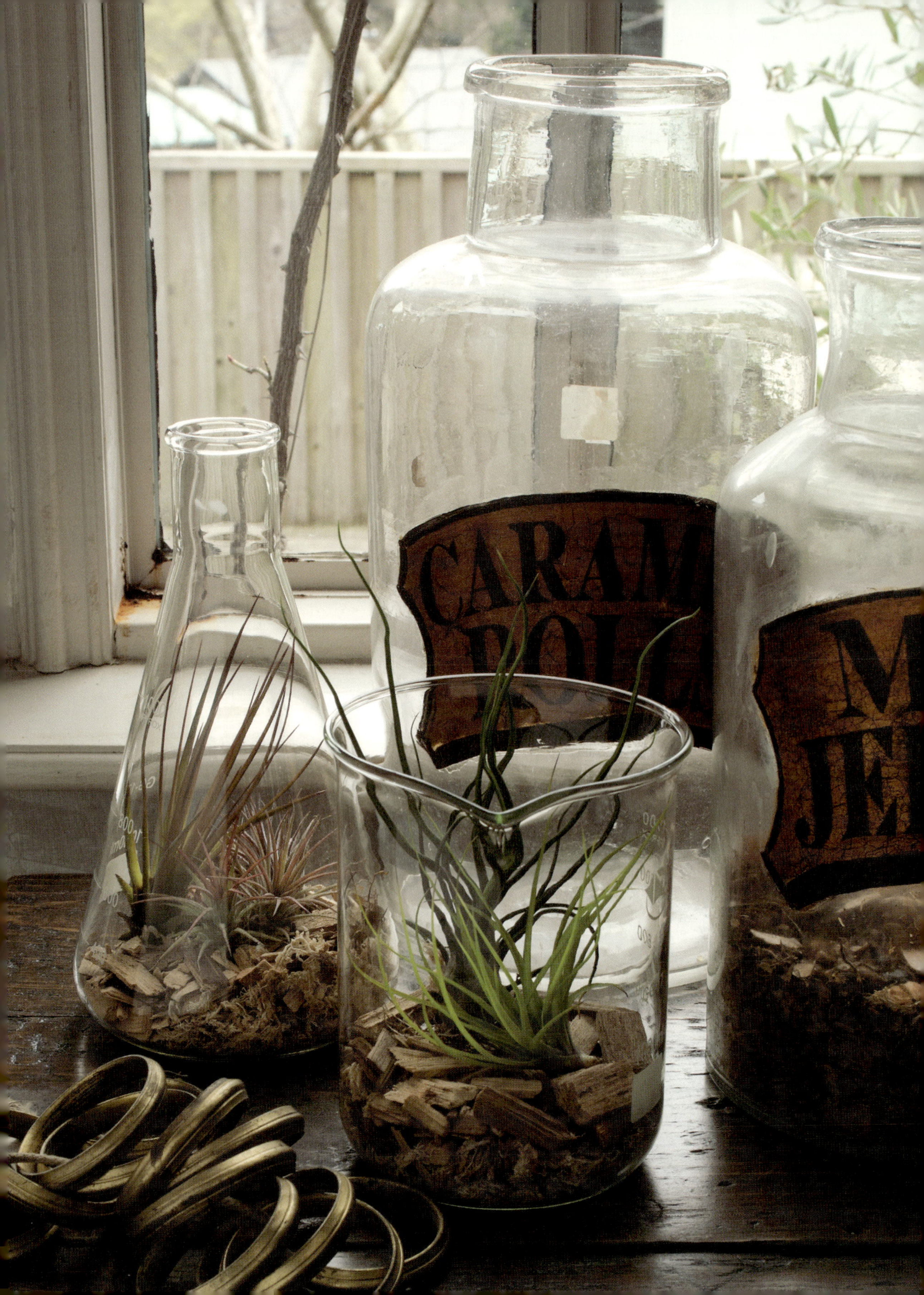
CARAM

A SMALL WORLD
身近にある小さなガラス器で、シンプルなテラリウム

買ったものでなくとも、びん詰めの空きびんや、旅先でのおみやげ……。
私たちの生活には、ガラスの器が多くあります。
そんなガラス器とエアプランツで、小さな世界をつくりましょう。

How to Make

1 使う器を決めて、ベースとなる用土を入れていきます。

2 エアプランツを入れます。このビーカーのようにフタをしないで飾るなら、飛び出る長さの葉があるエアプランツを使うのもいいですね。

3 フラスコのように口が狭い器にエアプランツを出し入れするときは、傷めないよう注意しながらピンセットを使って。

4 見え方をチェックして、ピンセットでバランスを整えます。

Data

A トリコロール
B イオナンタ・フェゴ
C ブルボーサ
D テヌイフォリア・ストロビリフォルミス

Point

◎ 横からの見え方を楽しむスタイリングなので、ベースの用土も吟味したい。

◎ 口の狭い器を使うときは、エアプランツを入れるときも出すときも、葉を傷めないよう根元からが鉄則。

◎ 風が通らないので、エアプランツには辛い環境。ひんぱんに取り出して水をやって、風を当てたい。

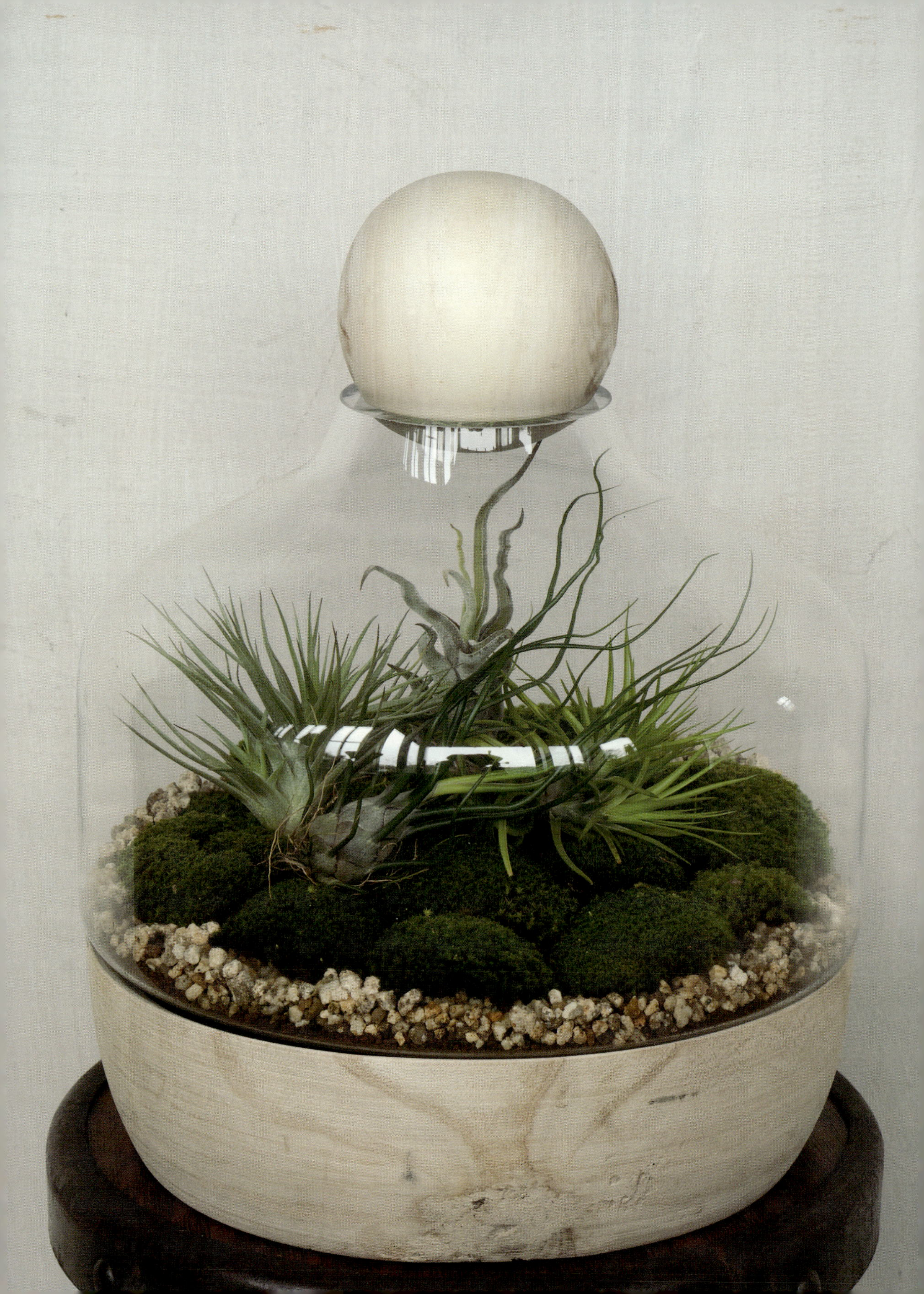

IN A GLASSWARE
特別な世界を作って、外から眺める時間を楽しむ

風が大好きなエアプランツと、風が苦手なコケが一緒にいられるのは、
限られた空間での、限られた時間ならでは。
オリジナルの特別な世界を作って、見て楽しむ時間もいいものです。

How to Make

1 使う器を決めて、ベースとなる用土を入れていきます。

2 バランスをみながら、コケを置いていきます。横からの見え方をチェックしながら作業しましょう。

3 コケをうまくレイアウトできたら、コケとガラスのすき間に軽石を入れていきます。

4 エアプランツを入れていきます。

5 真上からの見え方と、置く場所での横からの見え方、両方をチェックしながらバランスをとっていきます。

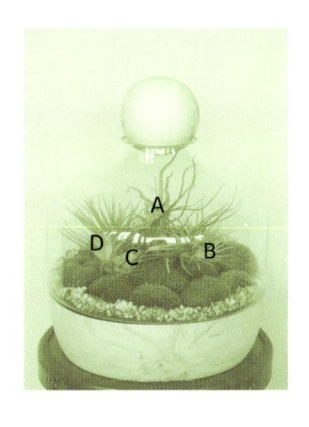

Data

A カプトメデューサエ
B テヌイフォリア・ストロビリフォルミス
C ブルボーサ
D テヌイフォリア×ストリクタ

Point

◎ 大きな器で作るテラリウムは、エアプランツを置くベース素材を 2種か 3種にすると見栄えがする。ここでは、用土、軽石、コケを使用。仕上がりの印象に大きく影響するので、よく吟味して。

◎ エアプランツを置くのは、真上から見ながら作業をすることになるので、ひとつ置くたびに横からの見え方をチェックしたい。

◎ このまま直射日光下に置くのは、避けて。

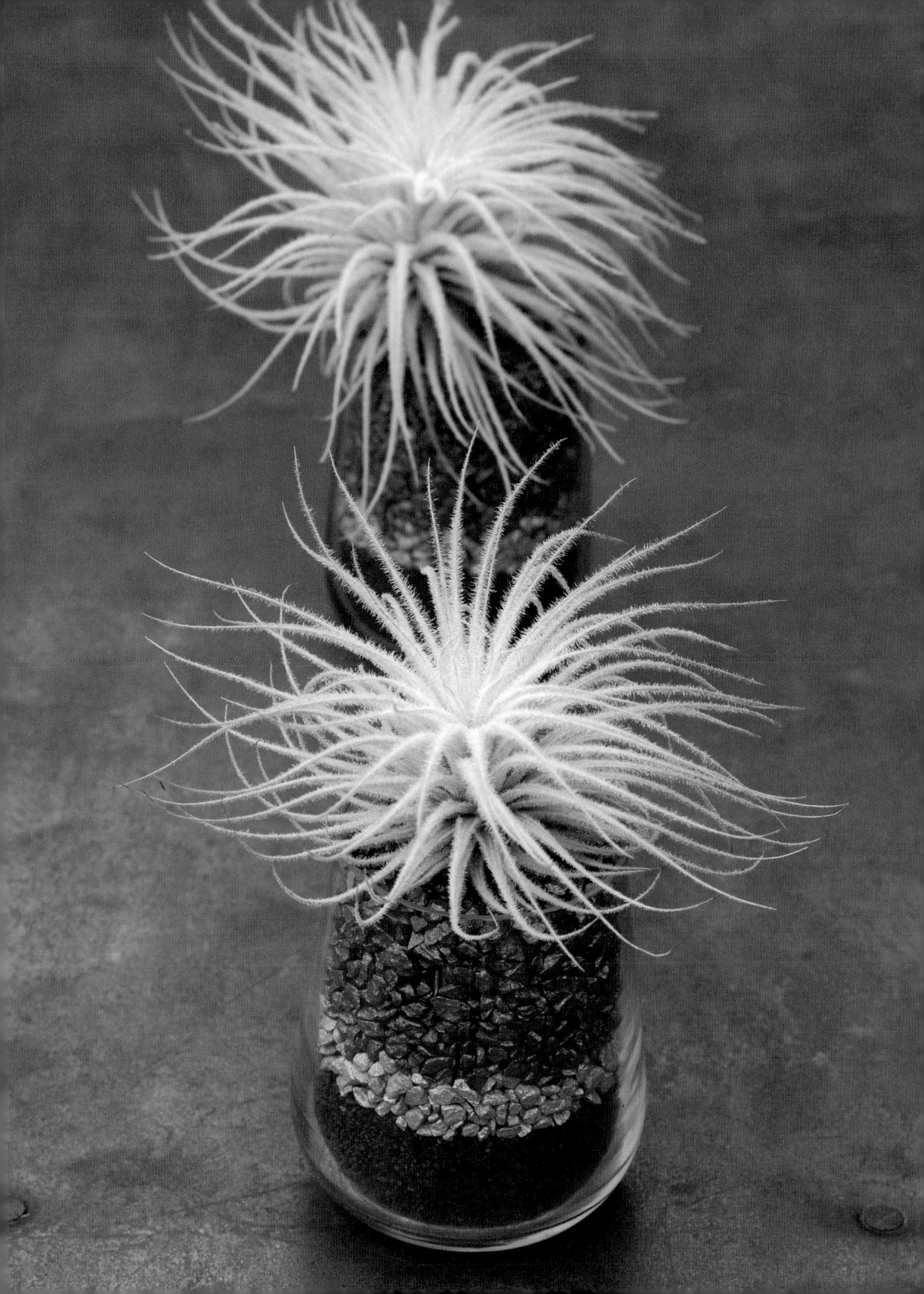

LAYERING SAND

繊細な葉がクールに映える、砂の使い方

組み合わせる素材によって印象を変えるのが、エアプランツの魅力。
ふわっとした触感の、葉が繊細なテクトルムを3色の砂のレイヤーに置くと、
こんなにクールな印象を残します。

How to Make

1 使うグラスを選びます。このようなタンブラーもいいですが、背の高いゾンビーグラスや足のあるゴブレットも似合います。

2 最初に、入れる砂とそれぞれの深さを決めてから、順に砂を入れていきます。

3 いちばん上の素材を入れるときは、エアプランツを置いてみてバランスを確認しながら少しずつ入れます。

4 エアプランツを乗せて、安定させます。

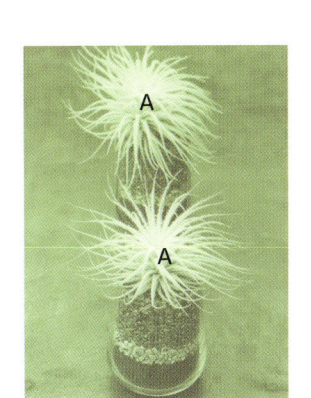

Data

A テクトルム

Point

◎ 黒石、シルバーの石、ブラウンの石を使った例。そのほか、ビー玉、サンゴ砂、ビーズ、ストローチップなど、素材の可能性を探してみて。

◎ 一度入れた砂を取り出そうとすると、グラスを傾けたときに下の砂と混ざってしまい、きれいに取り出すのが難しい。最初にデザインを決めて作業するのが大切なポイント。

◎ 同じものを何個か一緒に並べると、かっこいい。

◎ 水やりは、直接でなく、エアプランツを取り外して。

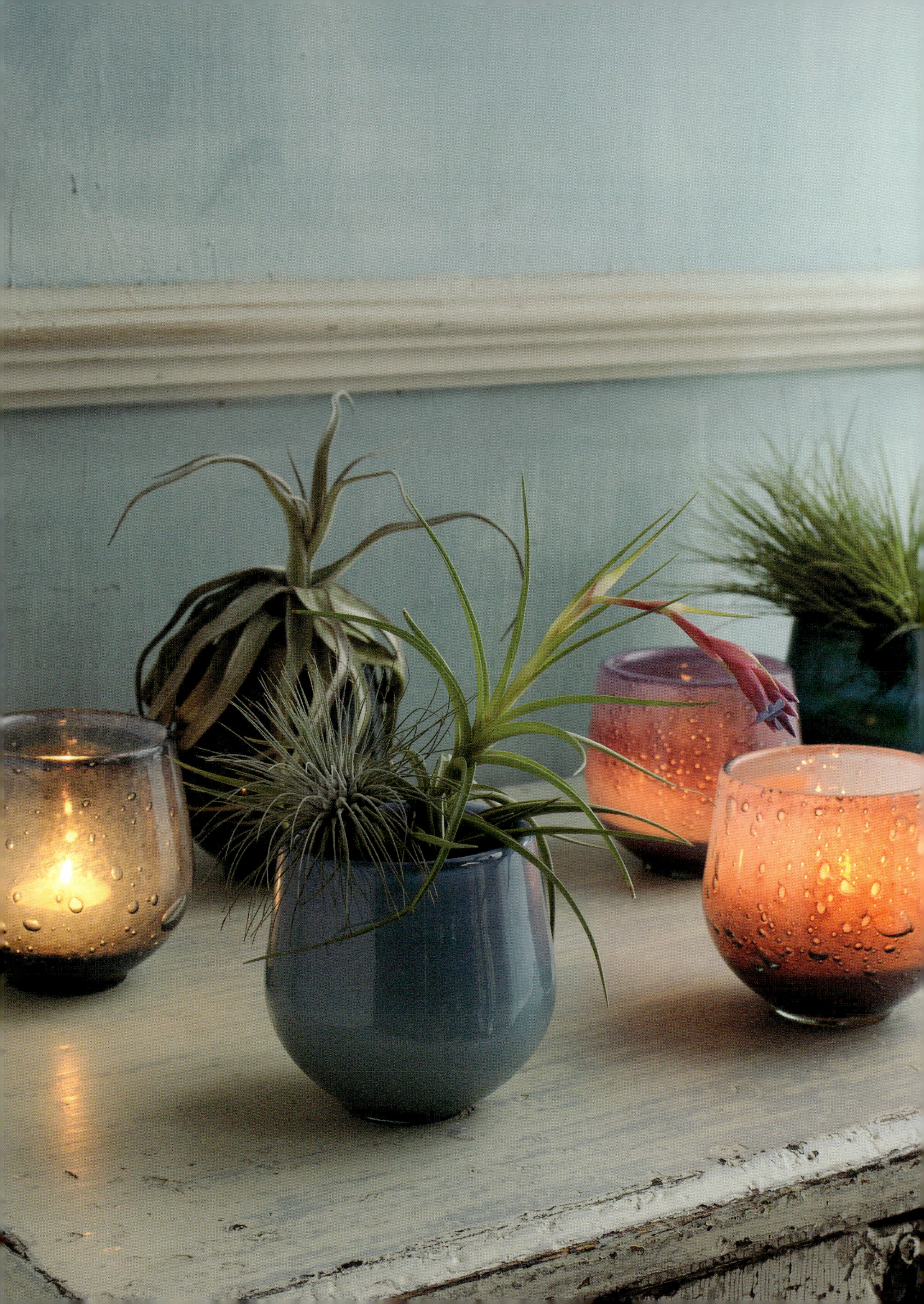

ASIDE CANDLES
キャンドルの光にエアプランツの葉の影が揺れるとき

日が暮れたあと、ひとり静かに過ごす時間は、
大好きなエアプランツと語らえる時間でもあります。
銀色の葉も緑色の葉も、キャンドルの光の揺らめきとよく似合います。

How to Make

1
たいていのキャンドルホルダーがエアプランツを入れるのにちょうどよいサイズ。好みのグラスを選びます。

2
エアプランツを入れるグラスを決め、バークチップなどを入れます。

3
エアプランツを置いて、安定させます。

4
キャンドルを入れるホルダーにキャンドルを入れ、置く場所でレイアウトしてから火をつけます。

Data
A ストレプトフィラ
B セイデリアナ
C アエラントス交配種
D フクシー・グラシリス

Point
◎ 背が高いエアプランツ、葉が広がっているエアプランツは、キャンドルホルダーに直接入れてもOK。

◎ キャンドルの光の熱でエアプランツがやけどしてしまうことがあるので、近づけすぎないように注意。

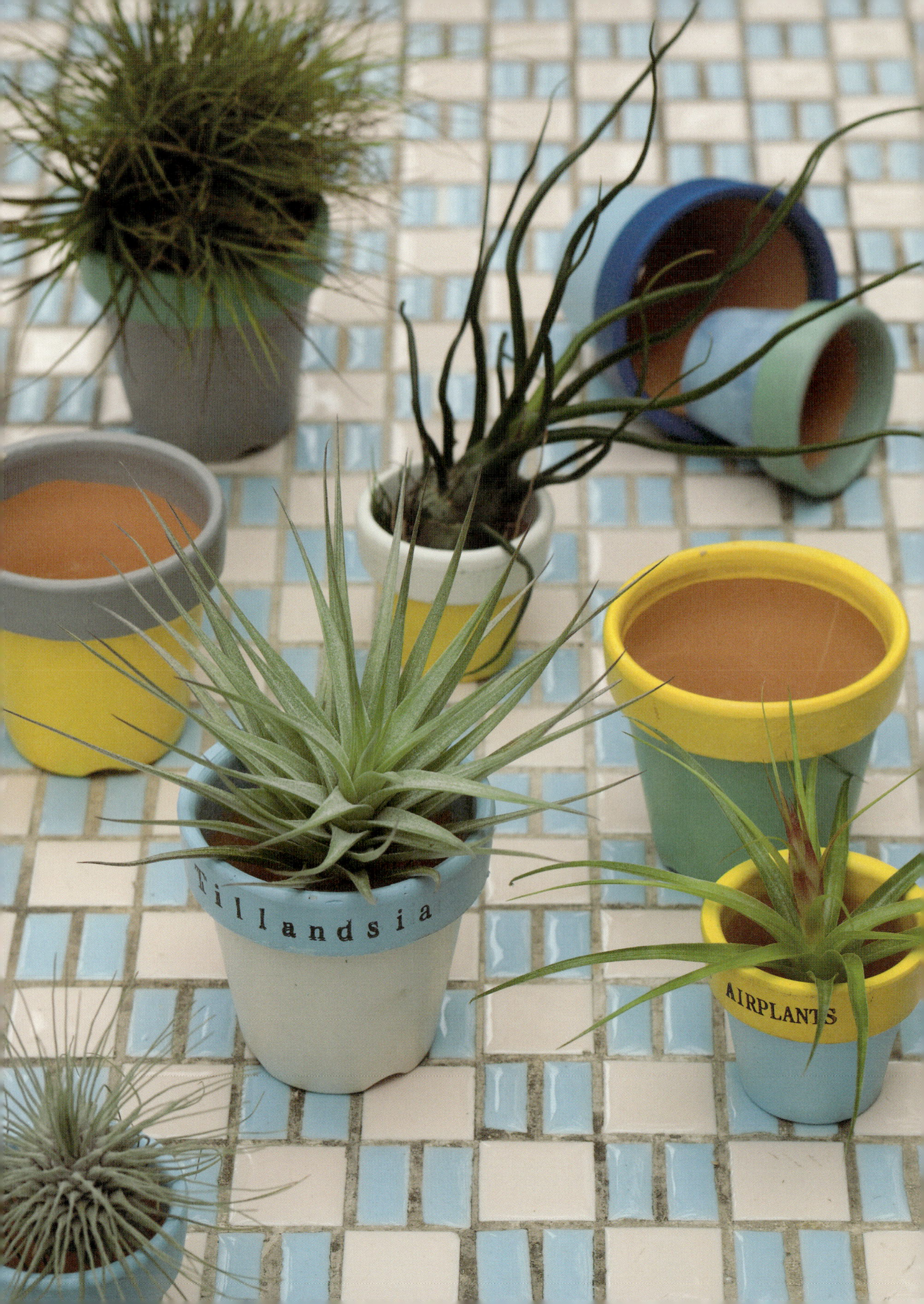
Tillandsia
AIRPLANTS

IN A PAINTED POT
愛しいエアプランツは、思いっきり手作りした鉢に

クールなスタイリングも素敵だけれど、
手のぬくもりがあるスタイリングもよいものです。
シンプルな大小の素焼き鉢に色とりどりのペイントをほどこしました。

How to Make

1　素焼き鉢は、下の部分からペンキを塗っていきます。

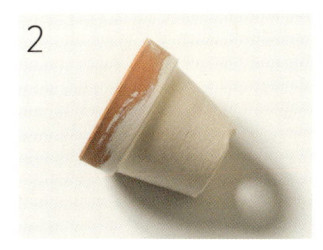

2　縁の部分まではみ出して塗るようにすると、きれいに仕上がります。乾いてから、縁の部分を別の色で塗りましょう。

3　ペンキがよく乾いたら、スタンプを縁の部分に押していきます。

4　できあがった鉢にウッドチップを入れます。

5　エアプランツを乗せ、いくつもの鉢をレイアウトしていきます。

Data
A セイデリアナ
B ブルボーサ
C ストリクタ・ピンクブロンズ
D ゲミニフローラ
E フクシー・グラシリス

Point
◎ 平面のスタンプでも、鉢の曲面に沿わせるように押していくときれいに押せる。

◎ スタンプでなく、手書きするのもかわいい。

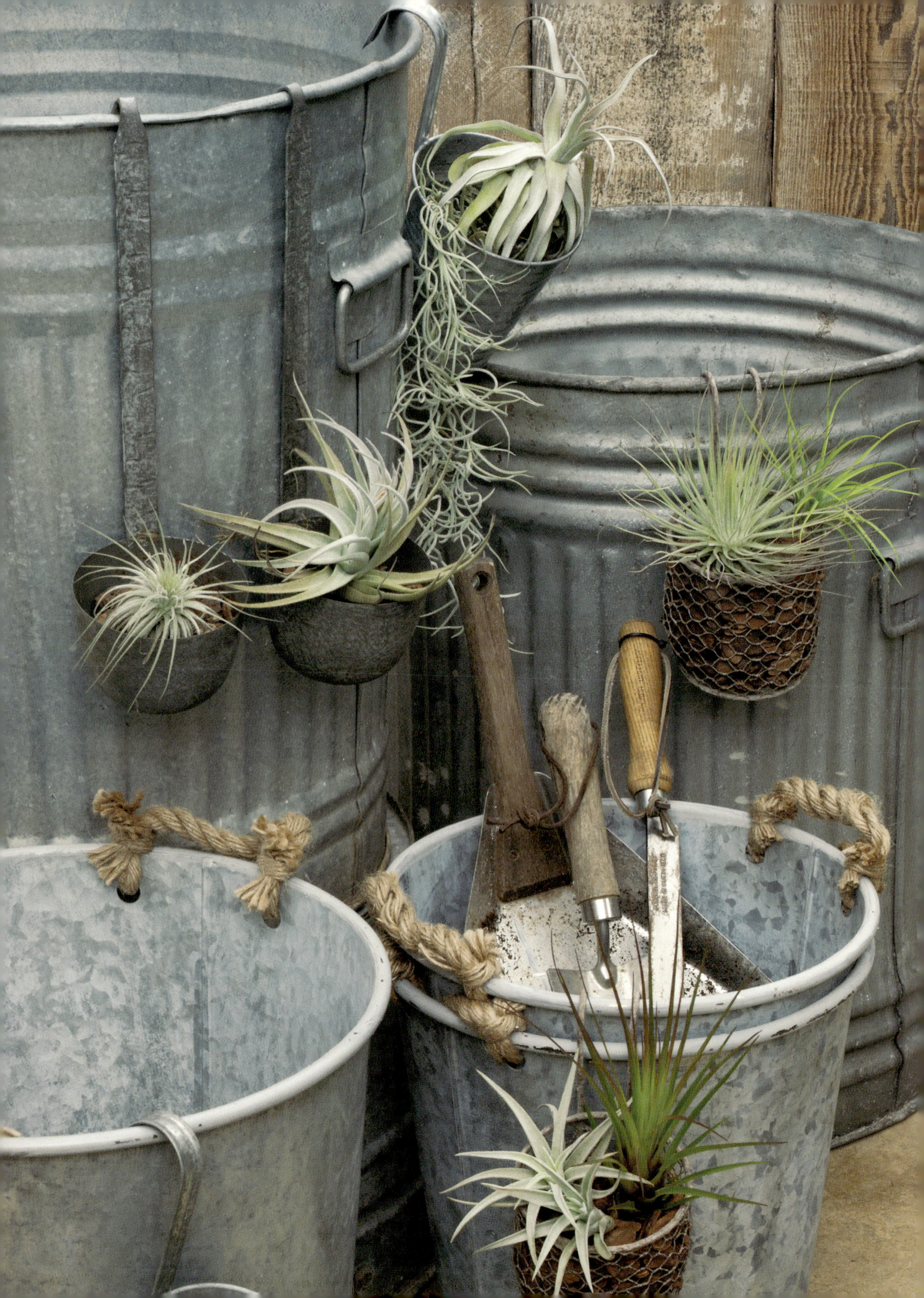

IN A HANDLED POT
取っ手のある器に入れて、エアプランツが大集合

キッチングッズまで登場させて、
取っ手のある器だけに入れたエアプランツを集合させるスタイリング。
もちろん、ひとつだけでも存在感があるのだけれど。

How to Make

1 おたま、ゲードル、計量カップ、ひしゃくなど、キッチンには取っ手のある器がたくさんあるので、眠っているものを探します。

2 飾りながら育てるために、ネット状の器もみつけました。

3 バークチップなど、ネットの目より粗い用土を入れてエアプランツを乗せます。

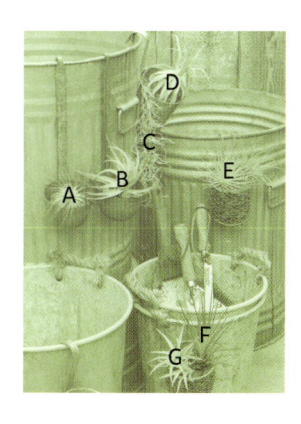

Data

- A テクトルム
- B レクルヴィフォリア・サブセクンディフォリア
- C ウスネオイデス
- D ストレプトフィラ
- E マグヌシアーナ
- F トリコロール
- G ハリシー

Point

◎ ネットの器には、バークチップのほか、小石、礫など、必ずネットの目よりも粗い用土を使う。

◎ ネットの器は風通しがよいので、根づくことが期待できる。

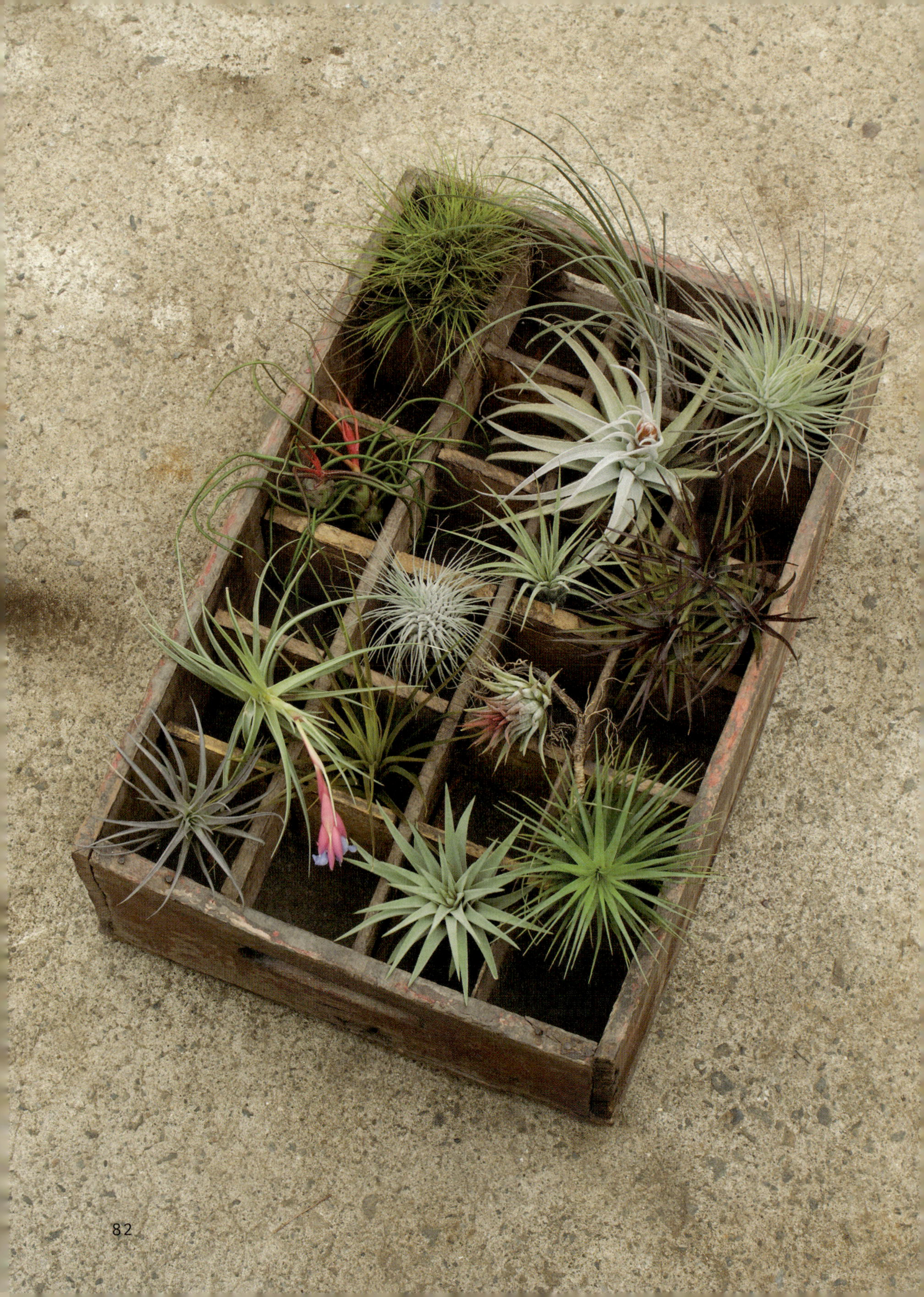

APPENDIX

[特徴と育て方]
エアプランツの図鑑
＋花図鑑

| INTRODUCTION
図鑑の見方（p.84〜89）

アエラントス・ミニパープル　A
T. aeranthos 'Mini Purple'　B
暑さ寒さに強く、たいへん丈夫。通常のアエラントスより小型。
葉が紫色になるのが特徴的。　C

✽✽　D
💧💧　E

＋＋＋＋＋＋＋＋＋＋＋＋＋

A　**読み**
　　エアプランツはブロメリア科ティランジア属の植物なので、
　　正しくは「ティランジア・アエラントス・ミニパープル」。
　　本書では初めにつく「ティランジア」をすべて省略しています。

B　**正式名称**
　　最初に「*Tillandsia*」とつけるのが正しい。
　　ここでは、すべて「*T.*」と省略。

C　**エアプランツの特徴、育て方**

D　**適切な日当たりの目安**
　　　✽✽✽　直射日光でない、できるだけ明るいところで育てたい。
　　　　✽✽　木漏れ日のような、柔らかい日を当てたい。
　　　　　✽　明るい日陰で育てたい。

E　**適切な水やりの目安**
　　　💧💧💧　春〜秋は、週3回以上毎日。冬は、週1回程度。
　　　　💧💧　春〜秋は、週2回以上毎日。冬は、週1回程度。
　　　　　💧　春〜秋は、週1回以上毎日。冬は、10日に1回程度。

エアプランツの花については、p.15も参照してください。

83

［エアプランツの図鑑］＋ 花図鑑

アエラントス・ミニパープル
T. aeranthos `Mini Purple'
暑さ寒さに強く、たいへん丈夫。通常のアエラントスより小型。葉が紫色になるのが特徴的。

アフィニス・カピタータ（カピタータ類似種）
T. aff. capitata
葉の赤みが強いのが特徴的。カピタータの類似種とされているが、本物のカピタータに最も近いと思われる。高さ・幅が25cmぐらいで開花。

ベイレイ
T. baileyi
花が咲かなくても子株をつける。葉長12〜13cmぐらいのサイズでも花をつける。プセウドベイレイと混同されるが、こちらが本物。

ベルゲリ
T. bergeri
-5℃の気温にも耐えるほど、耐寒性が高い。同時に、暑さにも強いため、地域によっては屋外で庭木に着生させることも可能。

ブラキカウロス
T. brachycaulos
栽培は、水はけがよい用土で鉢植えで。水を好む。開花時に葉が真っ赤になるのが特徴的。花は花序を伸ばさず、株から直接出る。

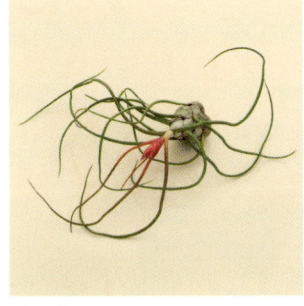

ブルボーサ
T. bulbosa
バルブ（球根）のような形になることから命名された。乾燥に弱いので、まめに水やりをするか、湿度が高い環境で育てたい。

ブッツィー
T. butzii
写真は群生した（クランプ）株。株全体がつぼ型で、まだら模様の葉が特徴的。とくに水を好み、乾燥に弱い。紫の筒状の花を見せる。

カクティコラ
T. cacticola
サボテン（cactus）に着生することから名前がつけられた。花つきがよく、紫色の縁取りがあるクリーム色の花は、一見の価値あり。

カエルレア
T. caerulea
湿度を上げるとよく育つ。長い花茎の先に、紫のよい香りの花をつけるのが特徴的。

APPENDIX

カピタータ・ドミンゲンシス
T. capitata 'Domingensis'
名前は、ドミニカ共和国のカピタータという意味。葉が赤く、15cm程度で開花する。10℃を下回らない気温で育てたい。

カプトメデューサエ
T. caput-medusae
ギリシャ神話に登場する、髪の毛が蛇の怪物、メデューサの頭という意味の名前。つぼ型の独特の形が特徴的。

カッパーペニー
T. 'Copper Penny'
エアプランツとしては珍しい、山吹色に近い濃い黄色の花からよい香りが立つ。葉は多肉質で、トリコームで覆われ、高湿度でよく育つ。

キアネア
T. cyanea
「花アナナス」という和名をもつ、観葉植物として有名なエアプランツ。基本的に鉢植えで育てる。転がしては育たない。

ドゥラティー・サクサティリィス
T. duratii var. *saxatilis*
ほかの樹木につかまりやすい、タコの足が丸まったような葉が独特。3弁の紫の花からはよい香りが立つ。

ファシクラータ
T. fasciculate
株の直径50cmもの大型に育つ。葉の間に水を溜めるとよく育つが、室内ではNG。栽培は、風通しがよく、やわらかい光があるところで。

フロリブンダ・ラージフォーム
T. floribunda (Large form)
株の直径60cmほどの大型に育つ。花つきはよくないが、花序の色が鮮やかで美しい。一度花を咲かせてみたいエアプランツのひとつ。

フロリブンダ・スモールフォーム
T. floribunda (Small form)
ラージフォームに比べると、こちらは小型で、直径は30cmほど。花つきや花序の特徴は、ラージフォームと同じ。

フクシー・グラシリス
T. fuchsii var. *fuchsii* f. *gracilis*
綿毛のような繊細な葉が特徴的。湿度が低いと葉先が枯れ込むので、室内で育てるときは、暖房・冷房で乾燥させすぎないことが大切。

[エアプランツの図鑑] + 花図鑑

ゲミニフローラ
T. geminiflora
ピンク色をした1枚の花苞に2つのピンク色の花を咲かせる。根が張ると生長がよくなるので、粗めの用土で鉢植えをしたい。

ハリシー
T. harrisii
丈夫で育てやすく、葉が白いのが特徴的。20cmぐらいになれば開花する。ビギナーにおすすめできる品種。

ヘウベルゲリ
T. heubergeri
ブラジル原産。現地でもほとんど見られない希少種。株が10cm程度になると開花する。コンパクトな株姿と花つきのバランスが絶妙。

インターメディア
T. intermedia
花芽からどんどん子株ができ、モビールのような形をして生長していくのが特徴的。

イオナンタ・グアテマラ
T. ionantha (Guatemalan form)
名前は、グアテマラから来るイオナンタの総称。もっとも多く流通しているイオナンタ。葉が赤く染まり、紫色の花を咲かせる。

イオナンタ・メキシコ
T. ionantha (Mexican form)
グアテマラ産に比べると、通常時から葉の赤みが強いのが特徴で、やや小型。群生株(クランプ)になりやすい。

イオナンタ・フェゴ
T. ionantha 'Fuego'
「フェゴ」とは、『炎』『火』の意味。葉の赤みがたいへん強い。細くて小さい形が特徴的。低地に自生しているため、やや寒さに弱い。

イオナンタ・ロン
T. ionantha 'Ron'
生長すると、松ぼっくりのような、見栄えのする形に。花が咲きやすいですが、日を暗くして咲かせずに株を大きくするのも面白い。

イオナンタ・ヴァンハイニンギー
T. ionantha var. van-hyningii
茎が長く伸びていく、イオナンタの変種。花が咲かなくても子株をつくる。全長は15cmぐらいにもなる。

APPENDIX

イキシオイデス
T. ixioides
葉が硬いのが特徴。何かに当たると折れやすいので、移動のときは要注意。エアプランツのなかでも珍しい、黄色の花を咲かせる。
🌸🌸🌸 💧💧

ジュクンダ
T. jucunda
丈夫で育てるのが簡単。花つきもよく、ピンク色の花序に咲く黄色い花が素晴らしい。ぜひ一度、咲かせてみたい。
🌸🌸 💧💧

ジュンセア
T. juncea
強健な品種。紫の筒状の花をつける。花が咲き終わると、多ければ5、6株をつけることもある。
🌸🌸 💧💧

マグヌシアーナ
T. magnusiana
グアテマラ産。暑さにやや弱いため、夏はできるだけ涼しい場所に置くような配慮をして育てたい。
🌸🌸 💧💧

プラギオトロピカ
T. plagiotropica
とくに夏の暑さが苦手なので、涼しく風通しのよいところで育てたい。栽培はやや上級者向け。開花時に花の中心部がクリーム色になる。
🌸 💧💧💧

ポーリアナ
T. pohliana
着生させると、とくによく育つ品種なので、根が着生するまでじっくりと取り組みたい。うす緑色の花苞に白い花を咲かせる。
🌸🌸 💧💧

プセウドベイレイ
T. puseudobaileyi
名前はプセウド（偽物）だが、こちらがベイレイとして流通することも。30cmを超えるほど大きく育つが、生長はたいへんゆっくり。
🌸🌸 💧💧

レクルヴィフォリア・サブセクンディフォリア
T. recurvifolia var. subsecundifolia
レオナミアーナの名で流通することもあるが、誤り。たいへん丈夫で、耐寒性も高い。花が咲かなくても子株ができる。
🌸🌸 💧💧

セイデリアナ
T. seleriana
写真は群生した（クランプ）株。水が大好き。湿度が低いと、葉先が枯れ込むので水やりをこまめにして育てたい。
🌸🌸 💧💧💧

［エアプランツの図鑑］＋ 花図鑑

セレリアナ
T. seleriana
まるで人魂のような、独特の形が特徴的。育て上げると、40cm超の迫力のある株になることも。室内では株元に水を溜めないように。

ストラミネア
T. straminea
花はカクティコラに似て、香りもある。直径15cmぐらいから、高さ50cm超になるものまで、個体による差が大きい。

ストレプトフィラ
T. streptophylla
乾燥しすぎのときは葉が丸まるが、水をやるとピンと伸ばす。これを一緒に育てると、ほかのエアプランツも管理具合がわかりやすい。

ストレプトフィラ×ブルボーサ
T. streptophylla × bulbosa
トリコームが少なく、水が好きなので、鉢植えにするとよい。葉が赤くなり、紫色の筒状花を咲かせる。

ストリクタ
T. stricta
生長が早く、花つきがよいのでビギナー向け。花は毎年見られるほど。鉢に乗せて育てると、育ちやすい。

ストリクタ・セミアルバ
T. stricta (Semialba)
ストリクタは、通常、ピンクの花苞に紫色の花をつけるが、これは淡いピンクの花苞に白い花を咲かせる変異個体。栽培は難しくない。

ストリクタ・グレイ
T. stricta 'Gray'
「ストリクタ・アルビフォリア」と思われる品種。ラベンダー色の花が特徴的。

ストリクタ・アルビフォリア・コスタンゾ
T. stricta var. *albifolia* 'Costanzo'
葉が白い、ストリクタの変種。通常のストリクタより乾きに強い。

テクトルム
T. tectorum
白いトリコームが魅力的。乾燥にはたいへん強い。過度の水やりは好まないので、長期間水やりをしなかったときも、ソーキングは避ける。

APPENDIX

テヌイフォリア×ストリクタ
T. tenuifolia × stricta
テヌイフォリアにストリクタの花粉をつけた交配種。花つきがよく、ピンクの花苞に紫色の花をつける。

テヌイフォリア・ファイン
T. tenuifolia 'Fine'
乾燥に弱く、細い葉がひからびやすいので、まめに水やりをするか、鉢植えで育てたい。花弁が大きな、魅力的な品種。

テヌイフォリア・ストロビリフォルミス・パープルフォーム
T. tenuifolia var. strobiliformis (Purple form)
日当たりが強いと葉が濃く美しい紫色になる。ピンクの花苞に咲く白い花がたいへん美しい。

トリコロール
T. tricolor
葉は硬質で、日に当てると赤黄色になって美しい。葉の間に水を溜めるとよく育つが、明るく風通しのよい環境を保つことが大切。

ウスネオイデス
T. usneoides
体が細く、水を蓄えられないため、水を十分に与えたい。春〜秋の成長期には、木漏れ日が当たる庭木にかけて雨水にさらすとよい。

キセログラフィカ
T. xerographica
栽培はやや難しいが、大きく優雅な葉姿はたいへん魅力的。とくに暗さを嫌うので、明るい場所で育てる。他種の栽培を経験した中〜上級者向け。

89

［エアプランツの図鑑］＋ 花図鑑

カクティコラ
T. cacticola

アトロヴィリディペタラ・ロンゲペドゥンクラータ
T. atroviridipetala var. *longepedunculata*

ストリクタ・アルビフォリア・コスタンゾ
T. stricta var. *albifolia* 'Costanzo'

ストリクタ・セミアルバ
T. stricta (Semialba)

ジュクンダ
T. jucunda

イキシオイデス
T. ixioides

ヘウベルゲリ
T. heubergeri

アエラントス・ミニパープル
T, aeranthos 'Mini Purple'

テヌイフォリア・ブルーフラワー
T. tenuifolia 'Blue flower'

APPENDIX

カッパーペニー
T. 'Copper Penny'

テヌイフォリア・ファイン
T. tenuifolia 'Fine'

イオナンタ・メキシコ
T. ionantha (Mexican form)

フネブリス
T. funebris

テクトルム
T. tectorum

ベルゲリ
T. bergeri

アエラントス・アルバ
T. aeranthos var. alba

プンクチュラータ・ミノール
T. punctulata 'Minor'

キアネア
T. cyanea

SHOP LIST

エアプランツが買える、全国の店

● ウェブ
ショップ

SPECIES NURSERY（スピーシーズ・ナーサリー）
普及種から希少種まで豊富に揃えているオンラインストア。手をかけて栽培された丈夫なエアプランツを安心して買うことができる。
http://speciesnursery.com　http://speciesnursery.shop-pro.jp/

PINEAPPLE NETWORK（パイナップル・ネットワーク）
千葉県鴨川市にある、「たゆみま」の温室農場で輸入したティランジア苗を育成栽培。常時100種類ほどの苗を販売中。子苗から開花するまでの苗を各サイズが用意されている。
http://pineapple-net.jp/

● 北海道

HUG FLOWER'S（ハグフラワーズ）4丁目プラザ店
2012年にオープンしたての店。ヨーロッパテイストの優雅な店内で、カジュアルフラワーからグリーンまで幅広く扱っている。エアプランツをはじめ、珍しい植物も豊富。
〒060-0063　札幌市中央区南1条西4丁目4丁目プラザ B2
TEL：011-200-9287　10：00～20：30（無休）

● 東北

flower shop time flow（タイムフロウ）
花・植物の販売のほか、フラワーアレンジメントの教室も開催。ブライダルフラワーのアレンジ、ガーデンデザイン、インテリアプランツのコーディネートも依頼できる。
〒020-0024　岩手県盛岡市菜園1丁目6-3　樋下第2ビル1F
TEL：019-651-0671　10：00～20：00　日・祝10：00～18：00（不定休）

● 関東

BIOTOP NURSERIES（ビオトープ・ナーセリーズ）
都心に暮らす人々のためのガーデニングがコンセプト。植物だけでなく、ガーデニングアイテム、ウェア、雑貨、書籍、ボタニカルアートなど、多彩なジャンルからアプローチしたグッズをセレクト。
〒108-0071　東京都港区白金台 4-6-44　アダム エ ロペ ビオトープ 1F
TEL：03-3444-2894　11：00～20：00（不定休）

SOLSO FARM（ソルソファーム）
手ごろな鉢もののほか、高木も扱う。多肉植物専用の温室があったり、ガーデニングツール、インテリア雑貨などもあったりと、植物園の感覚で遊びに来れる場所。小屋やカフェも併設。
〒216-0001　神奈川県川崎市宮前区野川 3414
TEL：044-740-7668　10：00～17：00（土日のみオープン）

TODAY'S SPECIAL（トゥデイズスペシャル）

植物や食器、雑貨など、生活を豊かにするアイテムを扱っているライフスタイルショップ。
〒152-0035　東京都目黒区自由が丘 2-17-8
TEL：03-5729-7131　11：00 〜 21：00（不定休）
〒150-8509　東京都渋谷区渋谷 2-21-1　渋谷ヒカリエ ShinQs 4F
TEL：03-6434-1671　10：00 〜 21：00（不定休）

オザキフラワーパーク

ガーデニング、園芸資材、観葉植物&雑貨、暮らし＆ペットの 4 つのゾーンがある、首都圏最大級のガーデンセンター。日用品、生花、造園、カフェ、100円ショップ、トリミング＆ホテルも併設する。
〒177-0045　東京都練馬区石神井台 4-6-32
TEL：03-3929-0544　9：00 〜 20：00　冬季 9：00 〜 19：00（元旦のみ休）

PROTOLEAF（プロトリーフ）ガーデンアイランド玉川店

種から珍しい花々、大きな樹木、観葉植物、多肉植物など、都内最大級の品を揃える園芸店。培養土や肥料、そして鉢やガーデニング雑貨・道具類などの取り扱いも豊富。
〒158-0095　東京都世田谷区瀬田 2-32-14　ガーデンアイランド 1F・2F
TEL：03-5716-8787　10：00 〜 20：00（元旦のみ休）

ガーデンセンター横浜

種苗会社「サカタのタネ」直営の専門店で、園芸に詳しいスタッフが充実している。タネ、苗、球根、農園芸用品、資材、青果、切り花、雑貨、書籍など約 3 万アイテムを取り扱う。
〒221-0832　神奈川県横浜市神奈川区桐畑 2
TEL：045-321-3744　10：00 〜 18：30（無休、7・8月水休）

● 中部

SOUS LE GUI（スゥルギ）

2 人のフローリストが独自の目線でセレクトした季節の切り花や植物、それにまつわるアイテムを扱う小さな花屋。TPO に合った花・植物をしっかり探すなら、事前予約がおすすめ。
〒464-0027　愛知県名古屋市千種区新池町 2-8　エスポア東山管理棟 1F
TEL：052-753-5748　11：00 〜 19：00（木休・不定休）土日祝 11：00 〜 18：00

● 関西

GREEN GUERRILLA depot（グリーンゲリラ・デポ）

インドアプランツだけでなく外向けの植物や草花、ハーブなども「育てやすい植物」という観点から揃えているセレクトショップ。ほかに、プランター、園芸雑貨や押し花なども扱う。
〒650-0023　兵庫県神戸市栄町通 6丁目 1-14
TEL：078-381-5907　11：00 〜 18：00　日 11：00 〜 17：00（水休）

● 沖縄

Ru-ga（ルーガ）

エアプランツをはじめ、沖縄の気候に合ったインドアプランツが豊富。そのほか、花のギフトアレンジや、ウェディングブーケをはじめとする装花を幅広く依頼することができる。
〒901-0152　沖縄県那覇市字小禄 785(1F)
TEL：098-857-8715　13：00 〜 18：00（水休）

※ P.92 〜 P.93の情報は、2013年 4月時点の情報です。開店時間などは変わることがあります。

ラフな気持ちで、暮らしのなかで。

エアプランツは、身近に置いて愛すべき植物のひとつ。
私にとってのエアプランツは、そんな存在です。
ダイニングやリビングのテーブルの上に置いたり、
窓際に吊るしたり、ドライフラワーと一緒にしたり……。
私の家でも、ここに何かがあるといいなと思う場所、
部屋のあちこちにエアプランツがあります。

エアプランツに出会い、はじめて育ててみることにしたら、
「長持ちする切り花」というくらいのラフな感覚で楽しむことをおすすめします。
慣れないうちは、枯らしてしまうこともあるかもしれません。
私も枯らしたことが何度かあります。

手をかけた植物が枯れてしまうのは、
誰にとっても悲しい体験かもしれませんが、
でも、それをネガティブにとらえすぎず、難しく考えすぎずに、
再び、新しいエアプランツにチャレンジしてほしいと思います。

そうするうちに、必ず、育てるための自分の方法がつかめてくるはずです。
管理の方法を身につければ、
花を咲かせたり、ときには紅葉を見せたりと、
切り花以上の幸福を運んできてくれる。エアプランツは、そんな植物です。

この本では、さまざまなスタイリングのアイデアを紹介しました。
自分のライフスタイルや、家のインテリアにぴったり合った楽しみ方を
読者のみなさんがみつけられることを願っています。

SOLSO
齊藤太一

上手に育てるには、楽しむのがコツ。

エアプランツに限りませんが、植物は生命そのもの。
どんなに気に入ったエアプランツを入手できたとしても、
それはゴールではなく、育て、生命を続かせる道のりの、
スタート地点だととらえるのが適切のように思います。

その植物にとってどのような環境が適切か、想像力を働かせ、
水をやったり、日光に当てたりしながら世話をすれば、
エアプランツは、生長し、花を咲かせたり、子株を吹いたりして、
生あるもの特有の、さまざまな変化を見せてくれるでしょう。

誰でもはじめは初心者です。
傷めてしまったり、ときには枯らすことがあっても無理はありません。
しかし、マニュアルどおりにいかないこともあるのが園芸の面白さといえます。

私がエアプランツの栽培を始めてから20年以上が経ちますが、
いつも手探りの連続でした。
まだまだわからないことが多くあります。だから面白いのです。
栽培を始めるきっかけは、人によってさまざまだと思いますが、
エアプランツは、面白がって、楽しみながら育てていただきたいと願います。

本書で栽培のテクニックをたくさん紹介しましたが、
植物をいちばん上手に育てるコツ、
それは、よく見ること。
そして、楽しんで育てることにほかならないということを
ぜひお伝えしておきたいと思います。

SPECIES NUSERY
藤　川　史　雄

PROFILE

著者

中島弘之（なかじまひろゆき） **片桐恵美子**（かたぎりえみこ）
花と植物の店『SOUS LE GUI（スゥルギ）』店主。
東京、名古屋、それぞれの地元で生花店勤務をへて、株式会社風花に入社。ウエディングからショップディスプレイなど、生花にまつわるさまざまな仕事を経験し、2011年名古屋にて「SOUS LE GUI」をオープン。「SOUS LE GUI（スゥルギ）」とはフランス語で『やどりぎの下で』の意味。訪れる人が、暮らしに花と緑を気軽に取り入れたくなるような、植物を好きになるきっかけになるような、そんな提案を発信中。

スタイリング監修

齊藤太一（さいとうたいち）
SOLSO architectural plant farm 代表。
岩手県生まれ。高校生のころから造園、野菜生産、山野草の採取などを学ぶ。SOLSOの直営店「BIOTOP NURSERIES」やオリジナルガーデンツールの開発・ガーデンライフを提案するブランド「mondoverde」のディレクター。その他、個人邸の庭、オフィスのレンタルグリーン、ショップや商業施設のグリーンディレクションなど、幅広い分野でグリーンに携わっている。

育て方・図鑑監修

藤川史雄（ふじかわふみお）
SPECIES NURSERY代表。
佐賀県出身。両親の影響で小学生のころからサボテン、多肉植物に夢中になる。2001年個性的で魅力的な珍奇植物の普及、またその栽培の面白さ楽しさを伝える目的で、ティランジアをはじめとするブロメリア科植物、多肉植物・球根植物などを中心としたSPECIES NURSERY（スピーシーズナーサリー）を設立。2012年、気候が温暖な神奈川県中井町に本拠地を移転。園芸店への卸販売のほか、催事などでの出店販売（藤川商店）、インターネット通販などを運営している。目標は、小さくても世界一面白い植物のナーサリー。

STAFF

スタイリング監修	齊藤太一
育て方・図鑑監修	藤川史雄
撮影	横田秀樹
DTP協力	田中滉（Take Four）
プロデュース	駒崎さかえ
編集	FILE Publications, inc.
編集協力	福山紫乃　伊武よう子
企画	牧野貴志
進行	中川通　渡辺塾　編笠屋俊夫（辰巳出版株式会社）

エアプランツLife ティランジアと暮らす

平成25年6月1日　初版第1刷発行
平成26年11月1日　初版第2刷発行

著　者　スゥルギ（中島弘之　片桐恵美子）
発行者　穂谷竹俊
発行所　株式会社日東書院本社
　　　　〒160-0022　東京都新宿区新宿2丁目15番14号　辰巳ビル
　　　　TEL 03-5360-7522（代表）
　　　　FAX 03-5360-8951（販売）
　　　　URL http://www.TG-NET.co.jp
印刷所　大日本印刷株式会社
製本所　株式会社宮本製本所

読者の皆様へ
本書の内容に関するお問い合わせは、お手紙、FAX、メールにて承ります。恐縮ですが、お電話でのお問い合わせにはご遠慮下さいますようお願い申し上げます。
定価はカバーに記してあります。本書を出版物およびインターネット上で無断複製（コピー）することは、著作権法上での例外を除き、著作者、出版社の権利侵害となります。
乱丁・落丁はお取り替えいたします。小社販売部までご連絡下さい。

©SOUS LE GUI　2013 Printed in Japan　　ISBN 978-4-528-01644-6 C2061